山西省高等学校哲学社会科学研究项目资助（编号：2013334）

德孝天下
——虞舜文化说略

主编 秦建华
编著 叶雨青 张培莲

山西出版传媒集团
山西人民出版社

图书在版编目（CIP）数据

德孝天下：虞舜文化说略／秦建华主编；叶雨青，张培莲编著. — 太原：山西人民出版社，2014.4
ISBN 978-7-203-08505-8

Ⅰ.①德… Ⅱ.①秦… ②叶… ③张… Ⅲ.①舜—文化—研究 Ⅳ.①G122

中国版本图书馆CIP数据核字（2014）第061389号

德孝天下：虞舜文化说略

主　　编：	秦建华
编　　著：	叶雨青　张培莲
责任编辑：	何赵云
装帧设计：	刘彦杰
出 版 者：	山西出版传媒集团·山西人民出版社
地　　址：	太原市建设南路21号
邮　　编：	030012
发行营销：	0351-4922220　4955996　4956039
	0351-4922127　（传真）　4956038（邮购）
E - mail：	sxskcb@163.com　　发行部
	sxskcb@126.com　　总编室
网　　址：	www.sxskcb.com
经 销 者：	山西出版传媒集团·山西人民出版社
承 印 者：	山西臣功印刷包装有限公司
开　　本：	889mm×1240mm　1/32
印　　张：	8.75
字　　数：	170千字
印　　数：	1—2000册
版　　次：	2014年4月　第1版
印　　次：	2014年4月　第1次印刷
书　　号：	ISBN 978-7-203-08505-8
定　　价：	28.00元

如有印装质量问题请与本社联系调换

舜 帝 赋（代序）

中国先秦史学会理事长　李学勤

一

盛皇虞舜，千古圣帝。睿哲文明，万世崇尊。
承尧传禹，拓新人文。功德丰伟，立极乾坤。
事亲尽孝，感天动地。以德化民，淳风普世。
施政以仁，万邦来仪。至孝仁德，天下驰誉。
举禹治水，开凿龙门。命弃稼穑，稷山教民。
制定刑律，以法治本。功在社稷，泽被后昆。
高歌南风，勤政爱民。禅位大禹，天性公心。
创建政体，为国奠基。大道光炎，盛德清馨。

二

黄河浩荡，中条崔嵬。圣帝之乡，万象呈辉。
英雄儿女，同德同心。强市强区，图宏业伟。
放眼世界，风生云起。圣帝之裔，傲立寰宇。
艰苦创业，勤奋智慧。竭诚报国，可歌可泣。
中华美德，长存永继。民族精神，终不失弃。
尊祖爱国，勿忘根本。传承文明，和谐社会。
尧天舜日，世代永追。太平世界，人类翘企。
仰帝圣灵，光我河东。祈帝福庇，强我华裔。

目　录

史料记载中的虞舜

第一章　虞舜身世 ……………………………………… 3
　第一节　舜先祖黄帝居黄河中游 ……………………… 5
　第二节　舜先祖幕居于平陆虞城 ……………………… 7
　第三节　舜部落以驺虞为图腾居黄河中游 …………… 11
第二章　虞舜籍贯 ……………………………………… 14
　第一节　舜为东夷人指今运城人 ……………………… 14
　第二节　舜为冀州人即今运城人 ……………………… 17
　第三节　关于舜出生地论述 …………………………… 19
　第四节　舜部族地望在河东大阳 ……………………… 21
　第五节　舜出生地诸冯在今永济市 …………………… 24
　第六节　舜迁负夏在今垣曲 …………………………… 26
　第七节　舜三迁在有虞氏部落境内 …………………… 27
第三章　舜耕渔陶 ……………………………………… 29
　第一节　关于舜耕历山的论述 ………………………… 29
　第二节　中条山是唯一载于地理著作《山海经》的
　　　　　历山 …………………………………………… 32
　第三节　中条山之历山在"中国（冀州）"境内 …… 34
　第四节　古人多认为历山即今中条山 ………………… 35

第五节　雷夏与雷泽是两个不同的泽 …………………… 37
　第六节　雷泽在今永济 ………………………………………… 40
　第七节　河滨不在上古远离黄河的东夷境内 …………… 42
　第八节　妫汭二水在今永济 ………………………………… 44

第四章　舜都蒲坂 ……………………………………………………… 49
　第一节　帝王所都为中蒲坂居中 …………………………… 50
　第二节　舜居冀州深厚历史根源 …………………………… 53
　第三节　河东盐湖是点燃中华文明的火种 ……………… 55
　第四节　蒲坂环境优越适合作帝都 ………………………… 62

第五章　舜卒鸣条 ……………………………………………………… 66
　第一节　古人关于舜卒葬的记载 …………………………… 66
　第二节　巡狩四岳是帝王的职事 …………………………… 68
　第三节　舜没有巡狩四岳 …………………………………… 70
　第四节　秦始皇以前的帝王都没有巡狩四岳 …………… 71
　第五节　真正巡狩四岳是汉武帝以后的帝王 …………… 73
　第六节　古人言舜不死于南巡不葬苍梧 ………………… 75
　第七节　即便巡狩也是禹而非舜 …………………………… 79
　第八节　陟方是升遐而非巡狩 ……………………………… 82
　第九节　舜卒鸣条符合史实 ………………………………… 84
　第十节　河东有关虞舜地名 ………………………………… 87
　第十一节　尧舜遗风植根河东 ……………………………… 92
　第十二节　坡头遗址当为有虞氏部落墓地 ……………… 96
　第十三节　东下冯遗址应是夏羿押舜后裔的遗存 …… 100

民间传说里的虞舜

第六章　青少年贤名远扬 ············· 107
　第一节　诸冯砍柴遇大虹 ············· 107
　第二节　握登喜生双瞳子 ············· 109
　第三节　避洪水迁徙负夏 ············· 110
　第四节　姚婆虐子恶名传 ············· 111
　第五节　兄弟种麻显真情 ············· 113
　第六节　耕历山尊为都君 ············· 115
　第七节　风吹竹管制古箫 ············· 117
　第八节　象耕鸟耘历山顶 ············· 118
　第九节　雷泽兴渔息争端 ············· 120
　第十节　河滨制陶正人心 ············· 121

第七章　尧试贤良嫁二女 ············· 124
　第一节　求贤访耕遇奇人 ············· 124
　第二节　娥皇女英闹大小 ············· 127
　第三节　负夏归省探双亲 ············· 128
　第四节　孝子两拜进家门 ············· 130
　第五节　梳妆石台映靓容 ············· 132
　第六节　尧舜妙语谈道德 ············· 133
　第七节　鸟工神衣救圣贤 ············· 135
　第八节　淑女巧解浚井险 ············· 137
　第九节　阴毒摆设鸿门宴 ············· 139
　第十节　孝子自责泣昊天 ············· 142

第八章　管理朝政展宏图 …… 144

第一节　慎徽五典创文明 …… 144

第二节　总百揆推举贤人 …… 145

第三节　陷大麓临危不惧 …… 147

第四节　斥刁鲧义正词严 …… 148

第五节　从权禅位代摄政 …… 150

第六节　定五刑惩恶扬善 …… 151

第七节　惩奸佞放逐四凶 …… 153

第八节　设善旌诚信为本 …… 155

第九节　知人善任禹治水 …… 156

第十节　万里洪涛归大海 …… 158

第九章　国号虞建都蒲坂 …… 161

第一节　悲雪飞唐尧殂落 …… 161

第二节　避丹朱隐居南河 …… 162

第三节　称虞国建都蒲坂 …… 164

第四节　唯才是举任贤能 …… 166

第五节　舔目治瞽润父心 …… 168

第六节　创国学尊师兴教 …… 170

第七节　养老于庠孝风盛 …… 171

第八节　体民情唱南风歌 …… 173

第九节　伶妹聪智巧作画 …… 174

第十节　听谏言胸纳百川 …… 176

第十一节　成九韶传世佳音 …… 178

第十二节　访道丞语不投机 …… 180

第十三节	虔诚心郊祀天帝	181
第十四节	谋策略恭听采纳	183
第十五节	歌言志功归股肱	185
第十六节	欲让贤石户遁海	187
第十七节	求赐教善卷激言	188
第十八节	三访贤支伯不受	189
第十九节	都遇五老妙论道	191
第二十节	善行职事皆为民	192

第十章　禅大位卒于鸣条　195

第一节	卿云咏志知进退	195
第二节	义均不才放于虞	197
第三节	选大贤夏禹摄政	199
第四节	度晚年颐养牧宫	201
第五节	游郊野舜卒鸣条	202
第六节	汉帝拜谒舜帝陵	204
第七节	舜卒鸣条有析辩	205
第八节	关公敬拜舜帝陵	207
第九节	古柏神灵救光武	209
第十节	孝文效舜养三老	211
第十一节	张生吟诗梦琴缘	212
第十二节	真宗钦封广孝泉	214
第十三节	话舜德薛瑄妙对	216
第十四节	神柏显灵惩恶人	218
第十五节	成人之美夫妻柏	219

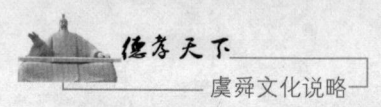

虞舜文化抉幽

第十一章　虞舜文化与中华文明……………………225
　第一节　中华文明起源的诸文化因素……………225
　第二节　中华文明起源的年代……………………228
　第三节　虞舜文化是中华文明的直根………………231

第十二章　虞舜文化内涵…………………………236
　第一节　民本思想的萌芽…………………………236
　第二节　德孝传统的母源…………………………241

第十三章　虞舜文化的特质………………………246
　第一节　舜对道的解悟……………………………246
　第二节　舜的大道德观……………………………248
　第三节　敬待上下四方……………………………249
　第四节　五典到三纲五常…………………………250

第十四章　虞舜文化的现代价值…………………252
　第一节　以德治国的理念…………………………252
　第二节　构建和谐社会的理念……………………253
　第三节　德孝文化传承……………………………254
　第四节　挖掘弘扬虞舜文化………………………256

参考文献………………………………………………261
后　记…………………………………………………264

史料记载中的虞舜

中华孝道中的责爱

第一章　虞舜身世

舜虽然被古人尊崇为上古"五帝"之一,但由于原始社会还没有形成国家,不存在真正的帝王。因此,虞舜的真正身份是氏族部落首领和部落联盟首领。吕振羽在《史前期中国社会研究》中讲道:

> 许慎《五经异义》引《春秋公羊传》说:"圣人皆无父,感天而生。"《尚书大传》郑玄注:"王者之先祖,皆感太微五帝之精以生。"这类传说,大概因为后代的帝王追溯他们的男系世袭,一溯到母系时代,便无法追叙,因而辗转反映出这类传说来。所以感天而生之类的神话,无疑是关于母系制的传说。在中国的典籍中,这类神话传说很多很普遍,举例来说:
>
> 太昊庖牺之母,居华胥之渚,履巨人迹,意有所动而生太昊;
>
> 少昊字青阳,母曰女节,有大星下流华渚,女节梦接意感而生少昊;
>
> 少典妃安登游于华阳,有神龙首感之于常羊,生神农;
>
> 黄帝母附宝,见大雷绕北斗,枢星光照郊野,感而

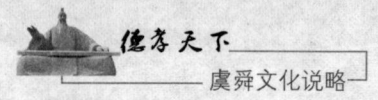

孕；

帝颛顼高阳母见摇光之星，贯月如虹，感己于幽房之宫，生颛顼于若水；

帝喾姬姓也，其母不觉，生而神异；

尧母庆都与赤龙合昏，生伊耆，尧也；

帝舜母纵华，感枢星而生舜；

女嬉得意苡而吞，因而孕妊，产高密；

禹母见流星贯昴，梦接意感，既而吞神珠而生禹；

简狄吞玄鸟之卵而生契；

弃母履巨人迹，感而生弃。

上述这些传说人物，都是在古籍中多见的，他们都只有确定的有名有姓的母，说都是由其母和某种自然现象或生物交感而生。这正是关于母系制的传说反映。这种传说，如果加到父系氏族社会成立后的人们身上，便属完全附会。

吕振羽先生列举了从太昊到禹的历史时期的有关传说。这些传说中，我们只能看到古史人物有其母，却没有其父的记载。这种现象明显是母系氏族社会的特征，而父系制的开始，吕振羽先生认为是从大禹传子开始的。

虞舜的身世，古代文献称舜是"帝舜有虞氏"，说明舜是有虞氏部落的首领，有虞氏部落的肇端，最早可以追溯到虞幕，因为虞幕与舜都称虞。舜的祖先，最早可以追溯到黄帝。

第一节　舜先祖黄帝居黄河中游

我们了解一个人居于什么地方，首先了解他的先祖居于什么地方。通常他会居住在先祖的居地，虞舜也是如此。关于虞舜的先祖，《史记·五帝本纪》记载："虞舜者，名曰重华。重华父曰瞽叟，瞽叟父曰桥牛，桥牛父曰句望，句望父曰敬康，敬康父曰穷蝉，穷蝉父曰帝颛顼，颛顼父曰昌意，以至舜七世矣。自从穷蝉以至帝舜，皆微为庶人。"唐司马贞《史记索隐》："虞，国名，在河东大阳县。"《史记》说舜是黄帝的后裔，《索隐》解释虞舜的虞说，虞是国的名称，在河东的大阳县，即今平陆县（平陆古称大阳）。《礼记·祭法》记载："有虞氏禘黄帝而郊喾，祖颛顼而宗尧。"说明有虞氏部落把黄帝作为自己的先祖。

黄帝部落的居地，一定程度上决定了其后裔的居地。关于黄帝的出生，《国语·晋语四》记载："少典娶于有蟜氏，生黄帝、炎帝。黄帝以姬水成，炎帝以姜水成。二帝用师以相济也，异德之故也。"说明黄帝与炎帝都是少典氏的儿子，黄帝在姬水成长立业。关于姬水，古人认为即今陕西南部的渭水一带。《史记·五帝本纪》记载："黄帝者，少典之子。"裴骃《史记集解》："谯周曰：'有熊国君少典之子也。'皇甫谧曰：'有熊今河南新郑是也。'"《史记》说黄帝是少典的儿子，谯周解释说少典是有熊国的国君，皇甫谧进一步说明，有熊氏部落居于河南新郑。《史记·五帝本纪》记载："黄帝崩，葬桥

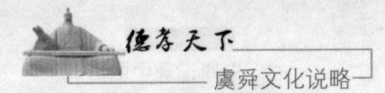

山。"桥山即今陕西黄陵县桥山,有黄帝陵。桥山远古时期是有蛴氏部落的居地,称作蛴山,黄帝时代称作"轩辕之丘"或"轩辕之台",黄帝也因此称作轩辕氏。

黄帝生于陕西,建都在今河南新郑,最后葬在陕西桥山。他还来到古河东即今山西运城解州,与蚩尤大战,目的是争夺对河东盐湖的控制权。南宋罗泌著《路史·后记四》记载:"传战执尤于中冀而诛之,爰为之解。"说黄帝在中冀与蚩尤大战,捉住蚩尤而诛杀了他,因而将杀死蚩尤的地方称作"解"。这就是运城市"解州"地名的由来。《太平寰宇记》卷四十六记载:"安邑县:蚩尤城在县南十八里。"台湾著名文人柏杨在《中国人史纲·黄帝王朝》书中明确写道:"一个是强悍善战的九黎部落,根据地在涿鹿(山西运城)酋长蚩尤……会战就在涿鹿郊野进行。"

古史专家、考古学家徐旭生在《中国古史的传说时代》书中指出:

> 炎帝及黄帝的氏族居住陕西,也不知道经历几何年月。此后也不知道因为什么缘故一部分逐渐东移。黄帝氏族东迁的路线大约偏北,他们大约顺北洛水南下,到今大荔、朝邑一带,东渡黄河,跟着中条及太行山边逐渐向东北走。今山西省南部沿黄河的区域,姬姓的建国很多。《左传》上说:"虞、虢、焦、滑、霍、扬、韩、魏皆姬姓也。"此外见于《左传》的还有芮、有荀、有贾、有狐、有耿、有魏……这杨(今洪洞)、魏(今芮城)、荀、贾

（皆今新绛）、耿（今河津）的晋南小国，全不知道他们为何时所封。我们疑惑那里面有一部分为黄帝氏族东迁时沿途留下的分族。

古河东境内的黄帝姬姓各个小国，有可能是黄帝在古河东境内与蚩尤大战后，留住古河东以控制古河东盐湖的氏族分支。

根据以上古代文献记载，可以得知，黄帝及其部落居于晋、陕、豫三角区域的黄河中游一带，也大致活动在这个三角区域一带。而《左传》上说的山西南部姬姓建国的"虞"，正是舜的有虞氏部落。

第二节　舜先祖幕居于平陆虞城

舜还有一个先祖的名字见于文献，叫虞幕。《左传·昭八年》："公曰：'陈，颛顼之族也……自幕至于瞽瞍，无违命。舜重之以明德，置德于遂，遂世守之。'"东汉末期，刘耽用小篆刻《吕梁碑》中云："舜祖幕，幕生穷蝉，穷蝉生敬康，敬康生桥牛，桥牛生瞽瞍，瞽瞍产舜，命禹行水道吕梁。"罗泌《路史·有虞氏》也说："帝舜，有虞氏，姚姓……其先国于虞，始为虞氏……系出虞幕后之幕姓宗焉……幕能平听协风，以成乐而生物，有虞氏报焉……左氏言：'舜祭幕。'而《风俗通》亦谓舜祖幕，与《吕梁碑》合，皆无句望，而以幕为祖。……《国语》俱云：'自幕至于瞽瞍，无违命，然后言舜，重之以明德。'"《左传》说幕在舜父亲瞽叟之先。《吕梁碑》说的更详细，说明虞幕是穷蝉的父亲。宋代的罗泌经过详细考证，认为《左传》言"舜祖幕"，《风俗通》谓舜祖幕，都与《吕梁碑》相合。清代学者崔述《唐虞考信录》也说："余按《春秋传》云：'陈，颛顼之族也。自幕至于瞽叟无违命。'《国语》云：'幕，能帅颛顼者也，有虞氏报焉。'则舜之先，颛顼之后之有一幕必也……"后世说虞幕是舜先祖的还有一些，内容大致相差不大，都认为虞幕是舜的先祖。

虞幕是舜的先祖，我们可以确定下来。而虞幕居于何地？古代文献大致上都认为，虞幕居于河东的平陆虞城。金景芳、吕绍纲《〈尚书·虞夏书〉新解》书中指出：

> 虞，古人说亦纷纭，王先谦《尚书孔传参正》引王符《氏姓志》云："舜姓虞，《郑语》史伯称舜之先曰虞幕，虞是国名，后以封国为姓氏也，今山西虞城县是其地。"

汉代王符说，舜随他的先祖虞幕姓虞，因为原始社会还没有形成国家，因此应该是有虞氏部落的名称。以有虞氏部落居住地作为他的姓氏，虞幕和有虞氏部落居地在山西的虞城县。

山西虞城县在什么地方？明末清初大学者王夫之《尚书稗疏·妫汭》：

> 考之《后汉郡国志》，河东大阳吴山上有虞城。皇甫谧《世纪》曰："舜嫔于虞，虞城是也。"大阳在今平陆

县，直涑水之东南，而妫汭水自蒲州入河，在涑水之西北，相去盖三百余里。舜之室二女也，在平陆，而尧之降二女也，于蒲州。盖降者，犹"昌意降于若水"之降。尧以妫汭二水之地，为二女食邑，使即封于彼，而其归而为嫔，则在舜所复封先代之旧邑，平陆之虞城也。

明末清初的王夫之考证于《后汉郡国志》，在这部重要的记载各郡国的志书里，大阳的吴山上有虞城，大阳即（今平陆县），平陆县的吴山上面有虞城。这虞城就是"舜所复封先代之旧邑"。说明舜的先祖虞幕居于平陆县的虞城。孔颖达《尚书正义》云：

  《书传》：颛顼以来，地为国号，而舜有天下，号曰"有虞氏"，是地名也。王肃云："虞，地名也。"皇甫谧云："尧以二女妻舜，封之于虞，今河东大阳山西虞地是也。"然则舜居虞地，以虞为氏，尧封之虞为诸侯，及王天下，遂为天子之号，故从微至著，常称虞氏。

孔颖达说，自颛顼作为部落联盟的领袖以来，各个部落就以居住地作为部落名号。虞幕作为颛顼与穷蝉之间的舜的先祖，就居于今平陆县的虞城，其部落以虞为名。而舜当了首领，号称"有虞氏"，也是以地名作为部落名号。东汉一代经师王肃解释说，舜的虞，是地名。皇甫谧进一步说，舜的虞地是今平陆的大阳山西边的虞地。

德孝天下
——虞舜文化说略

平陆县古称虞，这在很多古代典籍里都有记载，《括地志》曰："故虞城在陕州河北县东北五十里虞山之上。"南北朝时，平陆称河北县，归陕州管辖。《水经注·河水》："河水又东过大阳县南……桥之东北有虞原，原上道东有虞城，尧妻舜以嫔于虞者也。"《路史》也说："平陆东北六十里吴山上，有虞城、虞井。"清乾隆年间纂修《蒲州府志·沿革》曰：

蒲之虞乡，与解州平陆县，皆古虞国地。虞故有二，在周以前为古国，舜先世所封，则虞幕后国也。虞、芮质成，至商末犹存。或以虞为舜后国，禹封商均子于此，是殊不然。昔舜八子，禹既封商均子于商，复封舜别子于虞，今河南归德虞城县，是少康所奔而邑者，于此无与也。唯古虞国至周初时，其亡灭不可复考，武王以其国故墟，封仲雍后，于是虞乡、平陆又为周时之虞国。

《蒲州府志》对古虞国记载甚详，说明在周代以前，古虞国就一直存在，这个虞国是舜的先祖虞幕传承下来的，其地域包括今平陆县和永济市的虞乡镇。到了商代末年，这个古虞国还存在。这个古虞国什么时候灭亡的，到了周代初年时已经不可考据了。《蒲州府志》专门提到，今河南归德虞城县称虞，是少康所奔而作为食邑的，与虞幕古虞国没有任何关系。

山西平陆县作为古虞国，自舜先祖虞幕始，为有虞氏部落居地，传承到舜，扩大到今山西省永济市蒲州镇一带，而后直到商末一直存在。春秋时出现了"虞芮让田"、"假虞伐虢"

等历史故事。最终，虞国与虢国被晋国所灭。虞国的历史，真实地证明了自颛顼直到春秋时期，有虞氏部落及虞国一直居于古河东境内的历史事实。

第三节　舜部落以驺虞为图腾居黄河中游

在原始社会，每一个部落都以一种鸟或兽作为自己部落的图腾，就是将一种鸟或者兽作为自己部落崇拜和信仰的对象，严禁伤害，奉若神明。这就是远古社会的图腾崇拜。

舜及其有虞氏部落与东夷族一个重要的区别，是东夷部落以鸟为图腾，而舜和他的有虞氏部落以兽为图腾。《辞海》云：

>一作少皞。传说中古代东夷族首领。名挚（一作质），一说号金天氏。东夷族以鸟为图腾，相传他曾以鸟名为官名。据《左传》记载："凤鸟氏历正也，玄鸟氏司分者也，伯赵氏司至者也，青鸟氏司启者也，丹鸟氏司闭者也，祝鸠氏司徒也，雎鸠氏司马也，鸤鸠氏司空也，爽鸠氏司寇也，鹘鸠氏司事也，五鸠，鸠民者也。五雉为五工正，利器用，正度量，夷民者也。九扈为九农正，扈民无淫者也。

少昊是东夷族的首领，东夷族各部落以各种鸟名作为部落图腾，少昊以各种鸟名任命自己的官员。有五鸟氏、五鸠氏、五雉、九扈等24位官员。而黄帝集团则不然，袁珂在《中国古代神话》中叙述黄帝与蚩尤作战时，说："黄帝的军队，则除了四方的鬼神外，还有罴、熊、貔、貅、貙、虎种种野兽。"这罴、虎等野兽就是黄帝集团中以这些熊、虎等兽为图腾的各部落。说明黄帝部族的各个分支氏族部落是以野兽作为部落的图腾。舜及其有虞氏部落以兽驺虞为图腾。今人何光岳在《舜裔源流》中写道：

> 虞人乃又崇奉一种驺虞的仁兽为图腾。《说文》："驺虞，白虎黑文，尾长于身，仁兽，食自死之肉。"《毛诗传》、《广韵》同《山海经·海内北经》："林氏国有珍兽，大若虎，五彩毕具，尾长于身，名曰驺吾，乘之日行千里。"驺吾即驺虞，生于北方，即虞幕所居之地，其地多驺虞也以之为图腾。

何光岳认为，有虞氏部落以驺虞作为部落的图腾，幕作为有虞氏部落的第一位酋长，率领全部落人以仁兽驺虞为图腾，其部落居地也有了虞城、虞坂等称谓，即以拥有驺虞为荣耀。中条山在清代以前，林木葱郁，遍山森林，故驺虞当是中条山特有的一种动物。清代《蒲州府志·事纪》："太和元年十一月，虞乡驺虞见。时河中府奏虞乡县有白虎入重峰观，按瑞应图，以为驺虞。"南北朝时，运城境内的虞乡尚见驺虞，故知虞幕所处的上古时期，驺虞在今运城境内应是极普遍常见的动物。而黄帝集团居于黄河中游的今晋、陕、豫三省交界的黄河中游地区。而舜作为黄帝的后裔，居于古河东地域，在黄帝族群活动的黄河中游的地域内，且其崇拜的图腾，与其先祖黄帝部落图腾以及地域都一致符合。而东夷族以鸟为图腾，居于今山东和河南东部一带。就图腾崇拜和部落族群来说，以及黄帝族群居地等方面，舜和他的有虞氏部落居于今山西晋南境内，应该是符合当时历史状况和环境条件的。

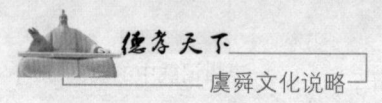

第二章　虞舜籍贯

关于虞舜的籍贯，最早的记载是《孟子》，其次是司马迁的《史记》。汉代以后的人，都是对这两种说法的理解和解释。虽然后人由于理解能力的局限，说法各异，但孟子和司马迁都说舜是今山西运城人。

第一节　孟子言舜为东夷人指今运城人

孟子在《孟子·离娄章句下》中对舜的籍贯作如下表述：

舜生于诸冯，迁于负夏，卒于鸣条，东夷之人也。文王生于岐周，卒于毕郢，西夷之人也。地之相去也，千有余里，世之相后也，千有余岁，行志得乎中国，若合符节，先圣后圣，其揆一也。

孟子的意思是说，舜生在诸冯，迁于负夏，卒于鸣条，是东夷人。文王生在岐周，死在毕郢，是西夷人。两地相距一千余里。我们虽然不知道诸冯和负夏的具体位置，但是，我们却知道文王所在的岐周的地方。这样，有了两地的距离就好办了，我们只要将文王所在的地方与东边舜的地方距离一算就清楚了。文王所在的岐周和毕郢，即今陕西省西安市附近一带。孟子时的一尺是23厘米，是我们现在的7寸。从今西安市往东，加上道路环绕，山河弯曲，文王所在的岐周和毕郢往东一千余里，正是今山西省运城市一带，即古河东境内。从运城市再往东翻越太行山，距文王所在地就超过两千里了，就与孟子所言不符。

我们知道，山东省在古代有一个"东夷"的专用名词，有人就断章取义地认为孟子所说"东夷"指今山东。其实这是没有全面理解孟子的话，没有真正弄清"东夷"的范围。其实"夷"有两层含义。一是指东方各族的泛称；二是指四方的少数民族。古人有个很明显的特征是，以帝王所都来言四方。古人说："帝王所都为'中'，故曰'中国'。"每个朝代都以自己的地域为中心，称作"中国"。自己地域即"中国"东边的各部族都称"东夷"；自己地域即"中国"以西的各部族都称西夷，或称西戎；自己地域即"中国"以北的各部族都称北狄；自己地域即"中国"以南的各部族都称南蛮。孟子既然将帝都东边称"东夷"，帝都西边称"西夷"，这里的"夷"就是第二层意思了，即帝都四周都是东西南北之"夷"，而不是专指今山东的"东夷"了。孟子说舜和文王"行志得乎中国"，即舜和文王各自在自己的"中国"即自己的地域之内，推行自己的治国意志。而古代典籍记载："舜都蒲坂"，即古河东境内，而文王都镐，即古岐周境内。这样文王的岐周在舜的"中国"西边，孟子就称作"西夷之人"，舜的蒲坂在文王的"中国"的东边，孟子就称作"东夷之人"了。山东大学教授冯浩菲在《舜帝出生地考》中对"东西"与"千里"解释透彻，现摘录如下：

> 至于《孟子》中的"东西"之论，"千里"之言，则不难理解，蒲坂对岐周，自然为东西之势。《离娄》篇那段话主要论述"先圣后圣，其揆一也"的要旨，"千里"之言与《梁惠王》篇"不远千里而来"之"千里"相类，均属概言，而非确数。再者，蒲坂距岐周，道路崎岖，也几近千里。与《孟子》之文相符。反之，若必以东夷为山东，那么距岐周便不是千有余里，而是几千里之遥了，显然与《孟子》之文不合。

据以上所言，孟子所说的舜是"东夷之人"，并不是专指的"东夷"今山东，而是指广义的"东夷"即古河东之人。

清代的毛奇龄也认为孟子所谓东夷与西夷指的是东边与西边，是以函谷关为界。毛奇龄《古文尚书冤词》中写道：

> 《孟子》"舜卒鸣条，为东夷之人。"此当在今山东，而《伊训》曰："造攻自鸣条"则桀都安邑，在今山西，与鸣条何涉？李塨曰《史记》称桀败奔于鸣条，则"鸣条造攻"不止《书》词，若《孟子》称东夷则别一鸣条。《正义》谓陈留平丘县有鸣条亭，此在东鸣条也，舜所卒也；蒲州安邑县有鸣条陌，此在西鸣条也，桀所诛也。一东一西，不必牵合。独予为《孟子》解，则桀都安邑，舜亦都安邑，舜卒不当在东夷，其称东夷者，以战国分东

西,指函谷关,关西为西,关东为东,如曰东方六国者是。舜卒安邑,亦可称东,况别有地也。夷裔也,今俗名边,犹言东边也。

毛奇龄认为,桀的都城在安邑,舜的都城也在安邑,所以舜卒不应该在东夷。孟子之所以称舜所在的安邑为东夷,是因为战国时以函谷关分东西而言的。并认为夷是裔的意思,俗称边,说的是东边的意思。清代崔述也认为"《孟子》虽有'东夷'之语,然但较文王而东耳。"

据以上所论,孟子的意思,是说舜出生、迁徙及卒葬在今山西运城市境内。

第二节 舜为冀州人即今运城人

司马迁在《史记·五帝本纪》中写道:"舜,冀州之人也。"唐张守节《史记正义》:"蒲州河东县本属冀州。"《永初山川记》云:"蒲坂城中有舜庙,城外有舜宅,及二妃坛。"《括地志》云:"妫州有妫水,源出城中。"《耆旧传》云:"即舜釐降二女于妫汭之所,外城中有舜井,城北有历山,山上有舜庙。二所未详。按:妫州亦冀州城是也。"

司马迁所说的冀州指什么地方?山西省社会科学院研究员李元庆在《关于虞舜活动多地说的文化学思考》文中写道:

关于冀州的界域,《尔雅·释地》概括为:"两河间曰冀州。"《夏书·禹贡》孔颖达疏:"明东河之西,西河之东,南河之北,是冀州之境也。"这里的"河"即黄河,"两河"即"东河"、"西河",此外还有"南河"。是说黄河之水自晋、陕、豫交界处以下环曲流向不同,由此有了不同的称谓。古黄河中下游自北而南流经晋、陕间称"西河";自西而东流经晋、豫间称"南河";自南而东北流经冀、鲁间至天津附近入海称"东河"。"三河"之间便是冀州界域。可见,古冀州的中心在晋南,略带豫北、冀西部分地区,东北角则伸向了渤海岸。

据史载,冀州之得名,本源于自古晋南有个冀国。《释名·释州国》曰:"冀州,亦取地以为名也。"王炎《禹贡辨》曰:"晋地有冀,秦地有雍,则是冀、雍以地名州。"《左传·僖公二年》杜预注:"冀,国名,平阳皮氏县东北有冀亭。"《后汉书·郡国志》亦载河东皮氏有冀亭。《水经注·汾水》曰:"汾水又迳冀亭南……京相璠曰:'今河东皮氏县有冀亭,古之冀国所都也。'"皮氏在今河津市境,即古冀国所在地。古冀国后亡于晋国成为晋地,故曰:"晋地有冀"。《吕氏春秋·有始览》更明确载:"两河之间为冀州,晋也。"

综上所述,我们可以确知,冀州即今山西省、河南省北部少部地域、河北西南部分地域。而《史记正义》所说的舜是冀州人,一是"蒲州河东县",一是妫州。古蒲州府在今运城市境内的永济市,下辖的河东县即今永济市。关于妫州,《辞海·妫州》:"治所在怀戎（今涿鹿西南。长安二年（702年）移治清夷军城，今怀来县东南旧怀来）。辖境相当于今河北张家口市、宣化、怀来、延庆、赤城、崇礼、张北、怀安、涿鹿，北京市延庆等县地。"妫州在不在古代冀州境内？《尔雅·释地》曰："东北曰幽州。"即河北北部及辽宁一带。按古人有关九州的划分，妫州属于幽州，不在冀州境内。因此，不管妫州是否有妫水（但却没有汭水），因为不在冀州，所以在舜时属于北狄部落，不是舜及其部落的居地。

综上所述，孟子和司马迁说的舜是"东夷之人"和"冀州之人"，都是说舜是古河东之人。这也是迄今为止最早的有关舜的籍贯的两种说法，经过考证后，两种说法相合，都说舜是河东人。我们从上面的古籍中得知舜的先祖黄帝和虞幕，都居于黄河中游。孟子说的东夷指今运城人，司马迁说舜是冀州人也是今运城人。从而得出舜的祖籍和籍贯都在古河东。但由于古人在个人认识和环境方面的局限，有关舜的出生地，古人在对孟子和司马迁说法的解释上出现多种说法，比较混乱，有必要澄清。

第三节　关于舜出生地论述

关于舜出生地，古人有以下记载：

《孟子·离娄章句下》云："舜生于诸冯，迁于负夏，卒于鸣条，东夷之人也。"

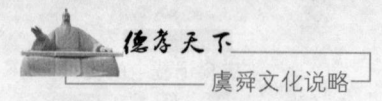

《史记·五帝本纪》中写道:"舜,冀州之人也。"

《会稽旧志》云:"舜,上虞人。去虞三十里有姚丘,即舜所生也。"

《史记正义》曰:"《括地志》又云:姚虚在濮州雷泽县东三十里。"

《孝经援神契》云:"舜生于姚虚。按:二所未详也。"

当代学者王晖《舜族早期居地及三迁考》云:"《世本》等谓舜居汉中西城县的妫墟,其地在今陕南汉中市洋县县城之东。《汉书·地理志上》"汉中郡·西城"中颜注引应劭曰:'《世本》:妫墟在西北,舜之居。'《水经·沔水注上》云:'汉水又东迳妫墟滩。《世本》云:舜居妫汭,在汉中西城县。'《后汉书·郡国志五》'汉中郡'下云'成(城)固,妫墟在西北。'按,舜所居妫墟之地,或云在汉中西城,或云在汉中城固,这应是不同时期的政区归属不同,按《水经·沔水注》所言其地应在今汉中市洋县境内。"

综上所述,有关舜的出生地,除了孟子和司马迁肯定的古河东,在《史记正义》中又引出浙江的上虞和濮州的雷泽(今山东东南部)。而当代学者王晖根据《世本》所言,又提出了舜是汉中西城县(陕南)人的说法。

第四节　舜部族地望在河东大阳

舜究竟是哪里人？历来论述者颇多。上海社科院研究员杨善群对此论述极为详细，他在《虞舜的活动地域与历史功绩》中写道：

> 浙江余姚说和上虞说，因与古代文明中心一般都在北方黄河流域的大势不合，历来信者甚少。《括地志》又述："越州余姚县，顾野王云舜后支庶所封之地。舜，姚姓，故云余姚。"然则，浙江的余姚、上虞很可能为舜后人所迁徙和经营，暂可置之不论；虞舜当年出生、活动和统治中心地域只能从"河东"或"东夷"，即山西或山东两个地区中寻找。
>
> 比较上述一、二两说，可以明显地感觉到，"东夷"说不近情理，难于说通，存在着许多无法解释的矛盾。
>
> 第一，（因为专门论述河滨，故在后面阐述河滨时再节录）。
>
> 第二，史载在尧都众人推荐舜，后尧又考验舜，对于这些"东夷说"都难以解释。尧都晋阳、平阳，在今山西太原、临汾一带，历史上是有大量记载证明的。《诗经·唐谱》郑玄笺云："唐者，帝尧旧都之地，今日太原晋阳，是尧始居此，后乃迁河东平阳。"《汉书·地理志》"河东郡平阳县"，颜注引应劭曰："尧都也。"《史记·货

殖列传》称："昔唐人都河东。"《集解》引徐广曰："尧都晋阳也。"《史记·五帝本纪》载："尧崩，三年之丧毕，舜让辟（避）丹朱于南河之南。"古代"南河"指今山西南边和河南北部东西向的一段黄河。因为尧都在山西西南部的黄河之北故舜避让丹朱就渡过黄河，到了"南河之南"。既然尧都在今山西西南部，而据《尚书·尧典》记载，当尧晚年询问谁能继承"朕位"时，众人告诉尧说："有鳏在下，曰虞舜。"尧接着答道："予闻。"显然，有关舜的遭遇和德行，在尧都周围纷纷传扬，因而众官和尧本人都有所闻。问明舜的情况后，尧决定"试"其品行和能力，便把二女嫁给舜，"观厥刑（法度）于二女"。从上述有关舜的传闻在尧议事时众人皆知及尧当时即嫁女于舜进行观察来看，舜的出生及青少年时活动应该就在尧都附近。如果舜当时远在数百里之外的今山东境内，其事迹传闻在尧都如此之广，尧当即嫁以二女，恐怕是不大可能的。

第三，根据虞舜的世系和所属部族，他不可能是"东夷之人"。虞舜的世系见于《史记·五帝本纪》和《大戴礼记·帝系》，两书都说虞舜是黄帝的后裔，是帝颛顼的六世孙。显然，虞舜属于黄帝集团，而不属于东夷集团。再说虞舜的"虞"，应该是其氏族或部落的名称。《尚书·尧典》孔颖达疏云："舜居虞地，以虞为氏"；又引皇甫谧云："今河东大阳，山西虞地是也。"《史记·五帝本纪》"虞舜"下《索隐》亦曰："虞，国名，在河东大阳县。"

这里的"国名"应该为"部族名",因"虞"之成为"国"是后来分封才形成的。至于"虞"的地望,各家注释都认为在"河东大阳",即今山西平陆县西,故虞舜的出生地和青少年时期的活动也应该在这一带。他怎么会变成"东夷之人"呢?

第四,孟子说舜"生于诸冯",其地究竟为何处,在今山东境内无法落实。焦循《孟子正义》引赵佑《温故录》认为:"今青州府有诸城县,大海环其东北",符合赵岐所注"负海"之说:"其地有所谓冯山、冯村,盖相传自古,窃疑近是。"赵佑把"诸冯"定在诸城县,现代史学家如范文澜、郭沫若等都从其说。但仔细考查起来,这个说法是大成问题的。首先,"诸城"之名是到隋代才有的。新版《辞海》"诸城"条说:"汉置东武县,隋改诸城县。"清宫懋让等修《乾隆诸城县志·总纪上》载:"隋文帝开皇十八年(598年),改东武县为诸城。"可知孟子那时根本无"诸城"的名称。再说,孟子云舜生于"诸冯"是一个地名,现在怎么可以把"诸城"和"冯山、冯村"几个地名凑在一起,抽取其首字组成"诸冯"来充当?况且,诸城其地理位置在古代属于青州,而《史记》说舜是"冀州之人",两者完全对不上。

诸冯在何处还有山东菏泽一说。有《孟子》注释本云:"诸冯,传说在今山东菏泽南五十里","诸冯:地名,相传在今山东菏泽以南。"这个"诸冯"在山东菏泽的"传说",据查来自地方志:清光绪六年(1880年)叶

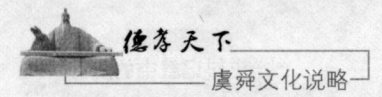

道源纂修的新《菏泽县志》的《菏泽古迹图》。但图上所标黄河不是舜时的黄河故道，而是1194年改道以后所形成的现今河道；图上所标"诸冯"等地名，没有其他文字记载说明。因此有学者断言："《古迹之图》上所标与舜帝有关的地名大都无所根据。"有学者曾赴菏泽进行实地考察，未找到称"诸冯"之地，而发现那里有一地名"龙王冯"。"诸冯"与"龙王冯"地名并不相同，且"龙王冯"显然是由传说中的水神"冯夷"而得名，因此，"龙王冯"是否即"诸冯"乃大可存疑。

杨善群先生分析得十分透彻，且有据有理。他通过对虞舜的世系进行分析，认为舜的氏族部落在虞地，虞的地望即河东大阳，就是现在的山西平陆县西边。

第五节　舜出生地诸冯在今永济市

有关舜的出生地点，古籍有不少论述。《孟子》说："舜生于诸冯。"宋代的罗泌《路史·有虞氏》说："帝舜，有虞氏，姚姓。"唐代张守节在《史记正义》中说："蒲州河东县本属冀州。"孟子说舜生于诸冯，但没有具体地点。罗泌引《风俗通义》说："舜生于姚虚。"有人说姚虚在济阴成汤，罗泌认为这说法是错误的。张守节说明舜是蒲州河东县人，今永济市历史上曾经称作河东县，说明舜出生于今山西永济市。

冯浩菲教授将"冀州"、"诸冯"和"姚墟"三地名连接起来分析，他在《舜帝出生地考》文中指出：

古代记载舜帝出生地的4种典籍中提到了3个关键性的地名，即冀州、诸冯、姚墟。这三种解说不谋而合，将3个地名自然而然地连接到一起，揭明舜帝生于冀州（蒲坂县）诸冯（里）之姚墟。这绝不是巧合，而是说明古史事实原本如此，即古之冀州有蒲坂诸冯，诸冯有姚墟，舜帝生于其地。

关于舜出生的冀州，是大的方域，即今山西运城市域内。而舜出生的具体地点，古人说的是两个地方，一是诸冯，二是姚虚。舜究竟出生在那个具体地点？杨善群研究员在《虞舜的活动地域与历史功绩》中表述如下：

> 虞舜的出生地"诸冯"，在清光绪年间李荣和修的山西《永济县志》中写得清清楚楚。该志卷一《古今邑地表》中的《都图》部分，将县内所辖乡、里、村之名一一列出：其中县北陶邑乡"统里十八"，"诸冯里"赫然在目，该里又辖"村六"，其一为"诸冯"村，另有"舜帝"村。在该志的《图考》、《山川》、《艺文》等栏目中，载有"河滨"、"历山"、"雷泽"等许多虞舜遗迹的说明及其详细的考论文字。原来虞舜的出生地"诸冯"确实是在"虞"地附近的山西永济，而不在古称"东夷"的今山东境内；"诸冯"是里名、村名，而不是城市名、县名。这个搅乱了两千多年的学术谜案，由此可以弄清其底细。

从清代纂修的《永济县志》中，我们不难看出，舜出生的

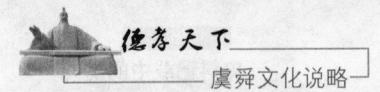

诸冯也没有错,是"诸冯里",管辖六个村,"姚虚"是村名,属"诸冯里"管辖。后人将"姚虚"的村名改为"舜帝村"。所以,说舜出生于诸冯和姚虚都没有错,舜的确出生于诸冯里姚虚村,即今山西永济市境内的舜帝村。

第六节　舜迁负夏在今垣曲

孟子说舜迁于负夏,负夏在什么地方?清焦循《孟子正义》:

> 今云舜生于诸冯,则诸冯在冀州之分。郑玄云:"负夏,卫地。"按《地理志》云:"卫地,营室东壁之分野,今之东郡是也。其本颛顼之墟,推之则卫地与冀州之地相近,是负夏之为地名也。"一云负夏鸣条者,《书》云:"汤与桀战于鸣条之野。"《孔传》云:"地在安邑之西。"

负夏究竟在卫地,还是在今鸣条岗附近的垣曲县境内?

首先,垣曲有古负夏城,在今垣曲县城南的同善镇,现称历山镇。镇北现存负夏古城城门楼一座,明代万历四年(1576年)所建。北城门外侧上方有石刻牌匾,上刻:"帝舜故里",里侧横额刻:"永庆门"。古城门上方小楼破败不堪,城大门已无踪影,但楼下的城门洞依然坚固,依然为人行通道。南城门重修于清咸丰三年至四年(1853—1854年),门楼已毁,县博物馆现存有城门上方的横额石刻(残),外侧横额为:"古负夏城"(残,缺"城"字),里侧横额为:"朝阳门"。距同善不远处有新石器时代遗址,是县级文物保护单位。此古物为证,说明负夏即今垣曲的同善镇。

其次,从地望来说,山西垣曲距舜的出生地永济约150公里,直线不到100公里。境内有历山、诸冯山等虞舜时期的遗迹。今垣曲县距舜出生地和建都的蒲坂仅百公里,两地相距很近,应该都在舜的有虞氏部落境内。而大禹建都的安邑包括现在的夏县和闻喜县,在垣曲县的北面,闻喜县和夏县在历史上曾为一地,都是夏禹部落的安邑域内,无论夏后氏部落,还是舜的有虞氏部落,同属冀州。而卫地虽然按古人说的"与冀州之地相近",但不在舜的有虞氏部落境内,且不在冀州范围内,古属兖州。而舜是"冀州之人",所以,舜迁的负夏当在今垣曲境内。

其三,从负夏地名来看,"负"字是背的意思;依靠、背靠的意思。"负夏"两个字的意思是,背靠"夏"地。那么"负夏"一定距离"夏"地不远。关于"夏地",自古以夏禹建都的安邑称为夏墟。而安邑即今夏县和闻喜县,在今垣曲北边,垣曲背靠的正是"夏"地,与负夏名字含义相合。

综上所述,负夏应该在今垣曲境内,古文物、地望和文化内涵都证明了这一点。

第七节　舜三迁在有虞氏部落境内

《管子·治国》:"故舜一徙成邑,二徙成都,三徙成国。"《史记·五帝本纪》:"一年而所居成聚,二年成邑,三年成都。"有的学者据此认为，舜族是经过三迁从今山东的东夷迁到河东。如果仔细推敲，这种说法没有理论支持，难以立足。首先，没有历史根据，没有任何古籍记载过舜及其有虞氏部落从今山东的东夷迁到河东境内，这完全是当代出现的个人设想。其次，此论不符合司马迁"舜，冀州之人也"的论述，因为今山东属兖州，而舜是冀州人。其三，舜的先祖虞幕在今山西平陆的虞城，说明有虞氏部落一直就居于河东境内，突然让居于河东的舜从今山东的东夷迁到自己的居地，让人匪夷所思，不可理解。其四，此论与恩格斯在《家庭、私有制和国家的起源》一书中，关于原始社会的氏族部落都有固定的领地的论述不符。其五，我们从《管子》说的"一徙成邑，二徙成都"来看，明摆着是说舜在本部落内迁徙，说舜搬迁一个地方，那地方很快就成了一个邑（乡镇），再搬迁一个地方，很快就成了一个都。古人说："四县为都"，说明地盘更大了。到了第三次搬迁，就做了有虞氏部落的首领。因为原始社会没有形成国家，古人所说的国，指的就是部落。而司马迁说的并不存在迁徙，说舜居住的地方一年成为一个"聚"，就是村落。二年成为一个邑，就是现在的乡镇。三年成为比县还要大的都。从文章字面上的理解，《管子》和《史记》说舜的一徙、二徙和三徙，只是说舜一徙、二徙、三徙，根本不提舜族。那是说舜的迁徙，纯属个人行为，这种个人行为，形成的是聚和邑以及都，说明舜是在本部落境内的迁徙。

第三章　舜耕渔陶

舜青年时期，耕历山，渔雷泽，陶河滨。历代对舜耕渔陶的地方，有多种不同的说法，地方相距上千里，涉及晋豫鲁浙数省。虽然说者各异，但如果进行综合分析，就会得出，这三个地方都在河东的结论。

第一节　关于舜耕历山的论述

舜耕历山的故事流传千古，舜耕历山的说法，历来颇多。今人何光岳《舜裔源流》指出：

> 然天下历山十有五，在山东者五，如濮州、费县、蒙阴县、沂水县之历山，志乘多以为舜耕，窃谓在濮州者是，以其近雷泽、陶邱也。《元九丰域志》云："济南、濮阳、河中，今秦地池阳、澧阳、潘城、始宁等处皆有之。"而翼城南靡箅山也叫历山，山下有舜耕坪。

据何光岳所列举的舜耕的历山即达12处。现将古人所说的有关舜耕的历山的记载摘录如下：

1. 《史记·五帝本纪》："舜耕历山"。《史记集解》："郑玄曰：'在河东。'《括地志》云：'蒲州雷首山，一名中条山，亦名历山，亦名首阳山，亦名蒲山，亦名襄山，亦名甘枣山，亦名猪山，亦名狗头山，亦名薄山，亦名吴山。此山西起雷首山，东至吴坂，凡十一名，随州县分之。历山南有舜井。'又云：'越州余姚县有历山舜井，濮州雷泽县有历山舜井，二所又有姚墟，云生舜处也。及妫州历山舜井，皆云舜所耕处，未详也'"。

2. 《水经注·漯水》："魏《土地记》曰：下洛城西南四十里有潘城，城西北三里有历山，山上有虞舜庙。"

3. 唐代李吉甫《元和郡县志》："河南道七：濮州雷泽县：历山在县西北十六里，《史记》曰舜耕历山，耕者让畔。"

4. 宋代乐史《太平寰宇记》："河南道十九：齐州历城县，历山在县南五里。《水经注》云历山县南山上有舜祠，下有泉穴。"

5. 宋代乐史《太平寰宇记》："河北道十二：冀州，信都县……历山，舜耕历山，是此。"

6. 宋代乐史《太平寰宇记》："江南东道八：上虞县，谷林，《郡国志》云：上虞县今东有姚邱，即舜葬之所；东又有谷林，即舜生之地；复有历山，舜耕于此，嘉禾降此山也。"

7. 宋代王存等《元丰九域志》："京东路西路：辅曹州济阴郡彰信节度使（治济阴县），古迹：历山，舜耕之地南。"

8. 宋代罗泌《路史》："历山：《秋甫志》历山在东流县东三十里，高八十丈，上有尧、舜二祠，南巡所至。本属祁门。《新安志》在祁门西八十五里。"

9. 宋代罗泌《路史》："而周处《记》始宁界，复有舜所耕田，一山多柞因谓枥山。"

10. 元代于钦《齐乘》："济南：历山，府南五里，一名舜耕山，古有舜祠。"

11. 明代李贤等《明一统志》："凤阳府：舜哥山，在寿州东北八十里，旧名舜王山。俗传舜尝耕于此，山石上有大人足迹。"

12. 清代迈柱等监修《(雍正)湖广通志》卷九："山川志：随州，历山，州北六十里，相传舜耕处。"

13. 清代觉罗石麟等监修《(雍正)山西通志》卷十六："关隘八：垣曲县……历山在诸冯山后，颠平广土，人名舜王坪。相传舜耕此上。"

14. 清代觉罗石麟等监修《(雍正)山西通志》卷十八："山川二：翼城县，历山。在县东南七十里，界翼城、垣曲之间，旧《志》世传舜耕于此。"

15. 清代觉罗石麟等监修《(雍正)山西通志》卷五十九："古迹三：沁水县，舜田。南九十里历山。又有可陶豁，在历山西北。"

16. 此外，山西洪洞县民间传说也有舜耕的历山，还有"迎娘娘接姑姑（娥皇、女英）"的传说习俗。

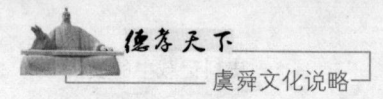

据以上所载,历山就有15处,涉及6省15个地方。按照恩格斯关于原始社会的论述,原始社会属于蒙昧时代,又称野蛮时期。就是说原始社会各个部落之间相互争斗非常激烈,部落间残杀、殉葬战俘的事时有发生。因此,舜所耕的历山不会遍布各省多地,舜只能在本部落境内耕历山。所以,上面所列举的舜所耕的历山,只有舜本部落境内的历山是真实的。

第二节　中条山是唯一载于地理著作《山海经》的历山

上古传说,秦代以前留存的较少,但可信度高。汉代以后,既夹杂了许多汉儒们的编造,又有许多后来人们的牵强附会,同时,秦以后许多舜的后裔搬迁到别的地方后,把先祖的地名移植到新的地方,于是,出现许多历山也就不足怪了。

《山海经》是一部古代最早的地理著作,《山海经》唯一称作历山的山脉是河东境内的中条山。《山海经·中山经》:

> 中次五经薄山之苟,曰苟床之山,无草木,多怪石……曰首山……曰条谷之山……又东十里曰历山,其木多槐,其阳多玉……又东二十里,曰阳虚之山……凡薄山之首,自苟林之山至于阳虚之山,凡十六山。

《山海经》成书时间最迟也在西汉初年,关于《山海经》成书年代,《辞海》云:

山海经，古代地理著作。十八篇。作者不详，各篇著作时间亦无定论，近代学者多数认为不出于一时一人之手，其中十四篇是战国时作品。《海内经》四篇则为西汉初年作品。

　　《山海经》是战国至西汉初的著作，则是不争的事实，堪称我国最早的地理著作，对我国的山河鸟兽有详细记载，我国所有的山脉都记在书中，且详细写清山脉的所有名称，当是了解我国秦汉以前地理山川的宝贵资料。

　　《山海经·中山经》所说的薄山、首山、条谷之山、历山等山，都是中条山不同地段山脉的名称。中条山位于山西省的南部，东接太行，西连华山，是太行山的余脉，东西纵横数百里，主峰从古至今一直称作历山，海拔2321米，历山顶是一块大草坪，传说舜曾在其上躬耕，故称舜王坪，其南是皇姑幔，传为舜妻娥皇、女英梳妆处。西边有诸冯山，是舜族人居住之地。西边平陆段有虞城，是舜先祖虞幕所居之处。再往西，是东历山、西历山、历观。历观传说是舜耕田的地方，汉代扬雄《河东赋》写道："登历观而遥望兮，嘉虞氏之所耕。"意思是登上历观遥望，就见到虞舜当年耕田之处。《山海经》既将古代山名尽录书中，且所言历山只有一处，即山西省运城市的中条山，书中并没有其他地方有历山的记载。据此，我们可以知道，中条山是上古时期唯一的历山，也是舜所耕的可信的历山。而其他地方的历山很可能是舜的后裔迁去后移植的地名，且在汉代以后，因此不见于《山海经》一书内。

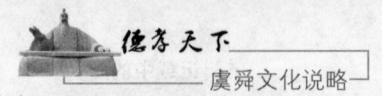

第三节　中条山之历山在"中国（冀州）"境内

尧都平阳（今山西临汾市），舜都蒲坂（今山西永济市），禹都安邑（今山西夏县），是说尧舜禹这三个原始社会部落首领及其居地都在河东境内。著名考古学家苏秉琦教授在《华人·龙的传人·中国人》中写道："史书记载，夏代以前有尧舜禹，他们活动中心在晋南一带。'中国'一词的出现也正在此时，所以称舜即位要'之（到）中国'。后人解释，帝王所都为中，故曰中国。由此可见，'中国'一词最初指的是'晋南'一块地方，即'帝王所都'。"

据此可知，尧、舜、禹的部落都在今晋南境内，也就是古河东境内。那么，舜所耕的历山也就会在河东。顾炎武也说："古之天子常居冀州，故以冀州为中国之号。"就是说，上古时天子居于冀州，故将冀州称为中国。而司马迁也说："舜，冀州之人也。"顾炎武所说天子指尧、舜、禹及夏代的君王们，他们的地域即古河东一带。也说明尧舜禹时期的"中国"即古河东。

舜也以"中国"人自居，《尚书·舜典》："帝曰：'皋陶，蛮夷猾夏，寇贼奸宄，汝作士，五刑有服，五服三就，五流有宅，五宅三居。惟明克允。"舜对皋陶说，四方蛮夷扰乱华夏，寇贼在内部攻劫杀人，皋陶，你作为管刑法的士，要用五刑来惩治这些罪犯，如服从五刑，就在市、朝、野三处行刑，其有不忍刑其身者，则断而五刑则流放之。要判的公道明白，让罪犯信服。这说明舜在当时的华夏境内，也就是最早的"中国"境内。

今河南濮阳和今山东的五处历山是在兖州境内，今陕西池阳的历山是在雍州境内，今湖南澧阳和今浙江的始宁的历山是在荆州和扬州境内。而舜耕历山、渔雷泽、陶河滨，以礼义相让，使冀州（中国）成为礼仪之邦。舜所耕渔陶的地方既是礼仪之邦，必然在华夏部族境内，中条山位于河东境内，尧舜禹的中国即古河东境内，也是司马迁所说的冀州境内。作为"冀州之人"的舜，所耕的历山当然是冀州境内的中条山。

第四节　古人多认为历山即今中条山

古人关于历山，也多认为即今中条山。宋裴骃《史记集解》："郑玄曰：在河东。"肯定了历山在河东境内。唐代张守节肯定了中条山有历山等11个山名后，说其他地方的历山是"未详也"。不知道那些历山是不是舜耕的历山，情况不清楚。

关于历山在河东，《水经注·河水》指出：

>河水南经雷首山西。山临大河，北去蒲坂三十里，尚书所谓壶口雷首者也。郑玄曰历山在河东，今有舜井。皇甫谧或言今济阴历山是也，与雷泽相比，余谓郑玄之言为然。故扬雄河东赋："登历观而遥望兮，嘉虞氏之所耕。"今雷首山西枕大河，校之图纬，于事为允。

郦道元同意郑玄关于历山在河东的说法，并引汉代扬雄的

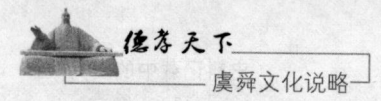

《河东赋》来证实历山确实在河东。

宋代罗泌《路史》卷二十一·后纪十二·疏仡纪·有虞氏记载：

> 河滨在蒲陶城北，有故陶城，南去历山甚近，故孟津有陶河之称。一云河滨在齐之郓城，盖以东夷之说也。夫帝，冀人，而河滨、历山、陶城皆在冀，盖初耕于野，未必远离父母也。

罗泌认为，河滨、历山、陶城都在舜的冀州的地域内，舜刚刚离开家庭，所以不会远离父母，应当在河东境内。

清代崔述《唐虞考信录》：

> 历山、雷泽、河滨皆冀州地。历山、雷泽、河滨，说者各异，或以为皆冀州地，或以为皆青、兖州地，自晋、唐以来，相争驳不已。按虞乃冀州境，舜不应耕稼陶渔于二千里外，则以为冀州者近是。《孟子》虽有"东夷"之语，然但较文王而东耳。《传》称"桀走鸣条"，鸣条亦冀州境，岂得遂以为青、兖哉？要之，《史记》所称有无，本不可知，亦不足深辨也。

宋代罗泌《路史·历山》：

> 历山，今河东县之雷首山也。其山九名，一曰首阳，

临河与大华对峙，即谓历观，扬雄所云登历观以逖望者。……夫河中乃帝所生，若所都而历城，古历下也，其相去也远矣。耕渔之时，徒以耆叟不顺，暂即荒野，顾非日后就贩之比，其初未必远去父母之侧。

据以上所论，舜耕的历山应该在古河东境内，即今晋南境内的中条山。

第五节　雷夏与雷泽是两个不同的泽

《史记·五帝本纪》曰："渔雷泽，雷泽上人皆让居。"说舜在雷泽捕鱼时，经常将自己的好渔场让给别人，受舜的影响，大家都争让渔场。自古有关雷泽的论述，并不是很多，有以下四处：

1. 《史记集解》云："郑玄曰：雷夏，兖州泽，今属济阴。"张守节《史记正义》曰："《括地志》云：'雷夏雷泽在濮州雷泽县郭外西北。'"《山海经》："雷泽有雷神，龙身人头，鼓其腹则雷也。"

2. 《墨子·尚贤中》曰："古者舜……渔雷泽。"毕沅云："《太平御览》、《玉海》引作'濩泽'。"

3. 《墨子·尚贤中》曰："古者舜耕历山，陶河滨，渔雷泽。"清代毕沅注："今山西永济县南四十里雷首山下有泽，舜所渔处。"

4. 清代乾隆年间纂修的《蒲州府志·山川》："雷泽在

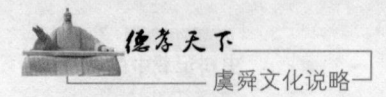

永济县首阳山下,南流入河。相传舜渔于此。《水经》:'河水又南迳雷首山西,又南涑水注之。'郦注:'水出雷首山,有夷齐庙。其水西南流,亦曰雷水。'《穆天子传》:'壬戌天子至于雷首,犬戎献良马四六,天子使孔牙受之于雷水之干者,是也。'据郦此言,则俗所指雷泽者,正是穆王时雷水。"

此外,有关舜渔雷泽,还有以下二处:

  5. 宋代乐史《太平寰宇记》卷九十四·江南东道六载:"湖州·乌程县:小雷山在县北震泽中,周处《风土记》云大海中有大雷、小雷二山,山之中曰雷泽,即舜渔于雷泽,是也。盖浙东有余姚县,上虞江是舜本土。按《韩诗外传》曰:'舜东夷之人也'。"

  6. 宋代乐史《太平寰宇记》卷九十四·江南东道六载:"长兴县:大雷山在县东北六十里,高一百二十丈。周处《风土记》云'太湖中有大雷、小雷二山,相距六十里,其间即雷泽,舜所渔处也。'《尚书释言》云'在震泽'。"

《太平寰宇记》所载的乌程县和长兴县的震泽是一回事,已有"震泽"的名号,且远离华夏文明发祥地的黄帝族团的黄河中游,言其为"雷泽",必是多事之人附会。历来信者甚少,姑且不论。

关于郑玄说的"雷夏泽"是否舜渔的"雷泽",今人郝仰宁在《虞舜之墟在永济》一文中写道：

> 史传舜渔雷泽，自古有人认为雷夏即雷泽，究竟雷泽是不是雷夏，很值得质疑。按舜居妫，则耕历山，渔雷泽，陶河滨，都不应在鲁卫之地。
>
> 《山海经》说："雷泽有雷神，龙身而人头，鼓其腹，在吴西。"此雷泽，指的是吴西震泽，即太湖，而关于雷泽一名的出处见于《河图》，"大迹出雷泽，华胥履之而生伏羲。"在易学上，有雷泽之说。纵观古籍与历史地名，古雷泽，并无实地可考，应疑雷泽并非一种实指，从《河图》、《洛书》和《易学》上分析，雷泽之谓自古有之，疑为一种天象之物。《周易》："泽上有雷，归妹。"易学上也叫雷泽归妹。易学论生命之起源说道："世间之万物，无始之始，皆出于雷泽、风雨、日月等天象之交变。蠢者，结之为植物，灵者，结之为动物，其最灵最美者，始结为人。"这是说，最初的生命细胞产生于雷电交变偶尔形成的适宜环境之中。而舜渔雷泽的传说，疑是借虚而言实。汉唐时期，人们试图将雷泽作一实地研究考论。如《汉书·地理志》说："《禹贡》雷泽在济阴城阳西北。"《史记正义》说："郑玄曰：雷夏，兖州泽，今属济阴。"自东汉郑玄之说后，隋曾废城阳县置雷泽县。使本子虚乌有的雷泽堂而皇之于济阴之城阳。读《禹贡》原文："九河既道，雷夏既泽，雍沮会同。桑土既蚕，是降丘宅土。"其意是对九河进行疏导，将高处之水引至雷夏为泽，使雍

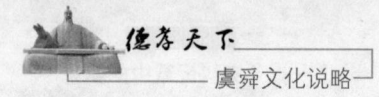

沮汇合而入，宜桑之土植桑养蚕，民得以下丘居于平地。《尚书正义》说：尧舜之时大水居于高土，禹将雷夏作泽，将高处水之引入，使百姓去除高处水患，方安居乐土。所以说："雷夏既泽"并非说雷夏原来就是泽，舜使禹治水之先，雷夏并不是泽。雷夏为泽，乃禹所为。可见，济阴城阳雷夏泽，与史传雷泽无关。……自汉以后，人们把雷夏之地，误为雷泽，始入诸多史籍。"

据上所述，雷夏与雷泽是不同的两个概念，雷夏最初并不是泽，而是经过大禹治水，将水疏导入雷夏，而后才成为泽。而在大禹治水之前，舜已经在雷泽捕鱼。应该是先有雷泽，后有雷夏泽，雷夏泽在舜渔雷泽时还没有形成。何况古人用词极为严谨，是雷泽，绝不会说成雷夏泽。是雷夏泽，就不会是雷泽。很明白地说明两者完全不是同一个水泽。

第六节　雷泽在今永济

关于雷泽，古人有以兖州济阴的雷夏泽来注释的，而清代的毕沅明确指出是山西永济雷首山下之泽。那么舜渔的雷泽究竟在什么地方？

杨善群研究员在《虞舜的活动地域与历史功绩》中写道：

> 从《墨子》的论述中可证明，舜的家乡在河东，今山西西南部。《墨子·尚贤上》曰："古者尧举舜于服泽之

阳。"毕沅云："服与蒲，音之缓急。或即蒲泽，今蒲州府。"（孙诒让《墨子间诂》引）"服泽"很可能就是"蒲泽"，在今山西永济市西。《墨子·尚贤中》又说："古者舜……渔雷泽。"毕沅云："《太平御览》、《玉海》引作'濩泽'。"据考查，《水经·沁水注》、《初学记·州郡部》注、《元和郡县志·河东道下》、《太平寰宇记·河东道下》、《太平御览·州郡部九》、《路史·疏仡纪》引《墨子》并作"濩泽"。王念孙云："'雷泽'本作'濩泽'，此后人习闻舜渔雷泽之事，而以其所知改其所不知也。"（同上）濩泽在今山西南部阳城县西，《汉书·地理志》河东郡有"濩泽县"，《水经·沁水注》也说沁水"东经濩泽"，"泽在县西北"。《墨子》云舜的老家在"服泽（蒲泽），并曾渔于濩泽"，这又是河东说的一大佐证。……再如以兖州的"雷夏泽"来解释舜渔的"雷泽"，也是不对的。清光绪年间修的《永济志》在卷三《山川》中说："雷泽，在县南四十五里，首阳山下，南流入河，相传舜渔于此。"可知"雷泽"也在今山西永济市，与舜耕、陶的"历山"、"河滨"等场所在一起。

据上可知，舜渔的雷泽，又名雷水。穆天子曾经来到雷首山，犬戎献给穆天子的良马，就是在雷水岸边接受的。这都是流传很久远的传说，也足以说明，除了雷夏泽以外，有雷泽之名的，即今山西永济市境内的雷水。因此，舜渔的雷泽即位于今山西永济市境内的雷泽。据史载，舜也曾经渔于濩泽。宋代

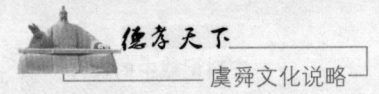

罗泌《路史》卷二十一·疏仡纪·有虞氏曰：

> 濩泽之渔争坻，乃往渔焉，渔人冀长，争以深潭与。《淮南子》云钓于河滨。濩泽在今泽之阳城，唐濩泽县。应劭云泽在县西北，沁水东迳濩县故城，南汉之泽氏县，《魏土地记》阳河有沁与濩泽水合者，纪在梁惠王十九年，晋取玄武濩泽，墨子亦言舜渔在此，故金钥谓泽州为舜泽。《十道记》云泽州以濩泽得名，皆在河东。或云渔于雷泽，雷泽济阴，非也。

罗泌引经论据，说明舜渔于濩泽（并说不是所谓济阴的雷泽）。濩泽在今山西阳城县，与今永济市雷泽这两个地方相距不远，都在尧舜禹部落联盟境内。从民间传说来看，舜在"雷泽"和"濩泽"都捕过鱼，因此才有了如此的民间传说。

第七节　河滨不在上古远离黄河的东夷境内

关于舜陶河滨，古代有两种说法：

1. 《史记集解》："皇甫谧曰：'济阴定陶西南陶丘亭是也。'"《史记正义》："按：于曹州滨河作瓦器也。"
2. 《史记正义》："《括地志》云：陶城在蒲州河东县北三十里，即舜所都也。南去历山不远。或耕或陶，所在则可，何必定陶方得为陶也，舜之陶也，斯或一焉。"

关于舜所陶河滨,历来争论不休,虽然古人所谓之河专指黄河,但依然有人以济水来认定"河滨"。有关"河滨"的论述,杨善群《虞舜的活动地域与历史功绩》阐述深刻,现摘录如下:

> 第一,舜时黄河不从今山东境内经过,故史书上说舜在"河滨"的活动就成为东夷说的最大障碍。青少年时期的舜曾经"陶河滨",即在黄河边上制作陶器。这在《史记·五帝本纪》、《墨子·尚贤中》、《吕氏春秋·慎人》、《新序·杂事一》等典籍中都有明确记载。据专家研究:"唐宋以前,'河'是黄河的专称。"因此所谓"河",只能是黄河,而不能是当时的济水或其他水。《汉书·沟洫志》载王莽时大司空掾王横说:"禹之行河,水本随西山下东北去。《周谱》云:'定王五年,河徙。'则今所行,非禹之所穿也。"根据这条资料可知,周定王五年(前602年)前,"黄河下游一直是取道河北平原注入渤海的",今山东境内舜时没有黄河。故在《史记·五帝本纪》舜"陶河滨"下,《集解》引皇甫谧《帝王世纪》曰:"济阴定陶西南陶丘亭是也";《正义》:"按:于曹州滨河作瓦器也。"这些注解,都是错误的。近年有学者撰文说:"(舜)陶河滨的河滨即陶丘的济水之滨。""河滨"的"河"专指黄河,怎么可以用"济水"来替代?
>
> 其实,舜"陶河滨"之地显然在今山西境内。《史记正义》引《括地志》说:"陶城在蒲州河东县北三十里,

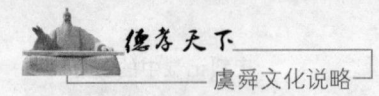

即舜所都也。"唐代蒲州河东县即今山西永济市,其地位于黄河的东岸和北岸,黄河流经此地"形成拐角之势,全长近100里,滩泽广阔,适于渔业陶业。"这里的地理位置与作业环境与史书记载如此切合,还有什么可争议的呢?既然舜青少年时"陶河滨"在今山西永济市,那么同样是舜青少年时"耕历山"和"渔雷泽"等活动,却跑到数百里乃至千里之遥的山东济南、鄄城等地,也就很难令人相信。

杨善群研究员对于河滨论述透彻,说明上古时黄河不在东夷境内,因古人所谓"河"专指黄河。因而东夷无"河滨",故舜所"陶河滨"为今山西永济市的"河滨"。

第八节　妫汭二水在今永济

妫汭二水最早记载在《尚书正义》,后来《耆旧传》又提出了妫州之妫水。现将有关妫汭二水记载录于下:

1. 《尚书正义》:"厘降二女于妫汭,嫔于虞。""'虞'与'妫汭'为一地……妫水在河东虞乡县历山西,西流至蒲坂县,南入于河,舜居其旁。周武王赐陈胡公之姓为妫,为舜居妫水故也。"

2. 《史记正义》曰:"《括地志》云:妫州有妫水,源出城中。《耆旧传》云:即厘降二女于妫汭之所。外城中有舜井,城北有历山,山上有舜庙,未详。按:妫州亦冀州城是也。"

前面已经谈到，妫州属于幽州，而舜是冀州人。现在，我们再进一步论述有关妫州之妫汭。郝仰宁在《虞舜之墟在永济》中对此有深入的阐述：

> 史学界把舜居之所称为妫墟。《史记·五帝本纪》说："舜居妫汭。"妫汭即是妫墟。《尧典》记，舜"厘降二女于妫汭，嫔于虞。"《尚书正义》说："虞与妫汭为一地。""妫水在虞乡县历山西，西流蒲坂县南，入于河，舜居其旁。"史学界多随同此说，认为妫水在今山西永济市。《尚书集传》说："妫汭，水名，在今河中府河东县。出历山入河。"《地记》说："河东郡青山东山中有二泉，下南流者妫水，北流者汭水。二水异源，合流出谷，西注河。"王北辰曾在《北京史苑》撰文《妫水河名考》，文章认为，舜所居妫汭即在今山西省永济县。《史记全本新注》汇集历代史学研究结论也认为："妫汭，妫水河湾，舜所都之地，妫水源出山西省永济县南之历山，注入黄河。"由此可见，妫墟就在今山西省永济市之古虞乡一带。
>
> 关于妫墟，还有另一种说法，认为在北京市怀来县一带，即古妫州为妫墟。《路史·国名纪丁》说："潘，故县属上谷，本北燕州，贞观故曰妫州，今妫之怀戎，亦曰妫墟。"《括地志》记载："妫州有妫水，源出城中。

《耆旧传》云即舜厘降二女于妫汭之所。"王北辰在《妫水河名考》中认为,妫州妫水是后来之名,非舜始居之地。何光岳在《东夷源流史》中则称:"山西永济之妫水,乃舜移居后而产生的移植地名。"在我国,与舜有关的山川地名,曾在多处出现。其实,这是后人或舜裔流迁过程中,敬仰和怀慕先祖舜帝,将舜始居之地山川之名冠于迁居之所的结果。何光岳说舜移居后,将妫州妫水移植到了虞乡,从情理上似乎讲不通。事实上,先后有两支舜裔北迁到今张家口市怀来县一带。所以说,妫州妫水系移植而来的后来之名,是有依据的。《路史·后纪十一》说:"舜庶子七人皆厘降于齐人,尧、胡、负、遂、庐、蒲、卫、甄、潘、饶、番、傅、邹、息、有、何、母、辕、馀姚、上虞、濮阳、馀虞、西虞、无锡、巴陵、衡山、长沙,皆其裔也。"又说:"直伯之后有直氏,圭、卫、蒲、傅则商灭之,胡、潘,则周灭之。"《东夷源流史》说:"舜之后潘氏曾迁至下洛,后被周武王所灭。"下洛即古潘城一带。其二,据《山海经》记载,幽司也是舜之后,《东夷源流史》说:"幽司北迁幽都,今北京古则叫幽州即此。今怀来为妫州,有妫水、舜祠、舜陵……都与姚舜之裔北迁有关。"从贞观改潘地作妫州,可见妫州之妫泉、妫水、妫川,确系潘氏等裔居此后一步一步演变而来。若言潘地即舜始居所,潘乃是虞地,而今从史籍所记,潘地周围未留下任何虞地痕迹,而虞城、上虞、西虞等地之名,均系舜之后裔流迁而遗留至今。这说明,舜居潘为妫水之说，系误考。

郝仰宁对于妫汭考证甚详，说明"今怀来为妫州，有妫水、舜祠、舜陵……都与姚舜之裔北迁有关。"说明今怀来的妫水是舜后裔迁到该地后移植的地名，确定了妫汭二水在今永济市境内。而早在北魏时，郦道元在《水经注》中已经确认舜所耕历山和厘降二女的妫汭在今河东境内。郦道元在《水经注·河水》中写道：

> 河水又南过蒲坂县西……郡南有历山。谓之历观，舜所耕处也，有舜井，妫、汭二水出焉。南曰妫水，北曰汭水，西迳历山下，上有舜庙。周处《风土记》曰：旧说，舜葬上虞。又《记》云：耕于历山。而始宁、剡二县界上，舜所耕田，于山下多柞树，吴、越之间，名柞为枥，故曰历山。余按周处此志为不近情，传疑则可，证实非矣。安可假木异名，附山殊称，强引大舜即此宁壤，更为失志记之本体，差实录之常经矣。历山、妫汭，言是则安，于彼乖矣。《尚书》所谓厘降二女于妫汭也。孔安国曰：居妫水之内。王肃曰：妫汭，虞地名。皇甫谧曰：纳二女于妫水之汭。马季长曰：水所出曰汭。然则，汭似非水名，而今见有二水异源同归，浑流西注入于河。河水南迳雷首山西，山临大河，北去蒲坂三十里，《尚书》所谓壶口雷首者也。俗亦谓之尧山，山上有故城，世又曰尧城。阚骃曰：蒲坂，尧都。按《地理志》曰：县有尧山、

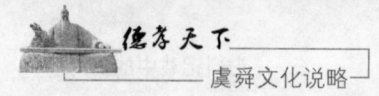

首山祠,雷首山在南。事有始而非,非而始,千载眇邈,非所详耳。

郦道元认为历山和妫汭"言是则安",说在这蒲坂县就安然了,并引用许多有名的文人确定在蒲坂的结论,证明历山和妫汭在河东的虞地。而今怀来之妫水,其一在幽州境内,并非虞地,与古人所说虞地名不符;其二,在情理上说不通,尧都平阳,在今山西临汾市,与怀来相距近两千里,如此遥远,在落后的原始社会,很难相互交通,尧又何能翻越重重大山,将两个女儿厘降那么荒凉的地方,然后再返回今山西平陆县的虞地完婚,于理不通。其三,《尚书正义》认为,"虞"与"妫汭"为一地。据此,妫汭必不在今怀来。而在河东之虞地。因此,经过如此考证,我们完全可以认定,舜居妫汭即今山西永济市之古虞乡地。

第四章　舜都蒲坂

有关舜的都城,争论并不大。自古有如下记载:

1. 梁沈约注《竹书纪年·帝舜有虞氏》:"元年己未,帝即位,居冀。"

2. 宋代王应麟《通鉴地理通释》:"《世纪》:舜所营都,或言蒲坂,即河东县,今河中府南二里河东县界蒲坂故城是也。或言平阳,今晋州城是也。或言潘,今上谷妫州城是也。"

3. 清代觉罗石麟等监修《(雍正)山西通志》卷一百七十九·辩证四·安邑县:"《太康地理志》:舜都安邑之蒲坂。《通典》:尧、舜旧都。今县西有鸣条陌,汤与桀战于此鸣条陌,见《后汉书·郡国志》。"

关于舜都,古人说的虽然是蒲坂、平阳和潘三个地方,但以蒲坂最为历代学者所认可。郑樵《通志》云:

二十有八载,尧崩。三年,舜……践天子之位,都于蒲。(今河东县蒲津关,所谓蒲坂,《汉志》之蒲阪县,本曰蒲,或曰蒲阴。今河中有舜泉坊,二井相通,祥符祠分阴临观，赐名广孝泉。蒲，频河，地卤水鹹，此独甘美。《中山记》"蒲阴昌安郭东，舜氏甘泉"，即此。有舜与二妃祠。《西征记》：潼关去蒲坂城六十，城中有舜庙，城外有舜宅并及二妃坛，南去城二十，舜所耕也。《宣室志》：开成中，有卢嗣宗入蒲津娥英庙狎神悸死之事）及安邑（谥云：舜所都或云蒲坂，或云平阳及潘，今城中有舜庙。按潘在妫之怀戎，西北三里亦有历山，上有舜祠，考之帝迹未闻在此，妫汭在河中，不得辽隔如此。）

郑樵经过考证，认为潘地没有舜生活过的足迹，并确定妫汭在河东的河中境内。因此，舜的都城与舜生活的妫汭不得辽远相隔如此遥远。而平阳在尧、舜、禹部落联盟境内，舜也曾作为建都之地。而潘在北狄部落境内，也不在冀州，众人一般皆不认可。而蒲坂作为舜的建都之地，为现今绝大多数学者所认可。舜之所以选择蒲坂作为都城，有其必然的理由和原因。

第一节　帝王所都为中蒲坂居中

关于舜居冀州、都蒲坂，李元庆在《关于虞舜活动多地说的文化学思考》中作如下表述：

又据史载，在尧、舜、禹之前，古冀州曾是炎、黄、蚩尤争战的主战场。《山海经·大荒北经》曰："蚩尤作兵伐黄帝，黄帝乃令应龙攻之冀州之野。"《逸周书·尝麦》则曰:"黄帝执蚩尤,杀之于中冀。"《孔子三朝记》进而说:"黄帝杀之(蚩尤)于中冀,蚩尤肢体身首异处,而其血化为卤,则解之盐池。因其尸解,故名其地为'解'。"这些记载,更把黄帝擒杀蚩尤的"冀州"或"中冀"直接与"解之盐池"相联系,说是"解"地之得名本源于"尸解"蚩尤之"解"。罗泌的《路史·蚩尤传》亦如此说。

以上充分说明,山西晋南属于古冀州的中心地带。所以,文献所载舜"都冀州"、"都蒲坂"或"治蒲坂",都是指山西晋南这块地方,晋南是作为虞舜政治活动中心的都城所在地;并且,文献所载尧舜禹"同都冀州"或"俱在冀州"说明,晋南同时是尧舜禹的政治活动中心所在地。

于是,历代又称以晋南为中心的冀州为"中冀"、"冀方"或"中国"。因为,这里属于天下之中央的"中土",并且是"帝王所都"之地,是尧舜禹"统天下四方"的政治活动中心所在地。

如《山海经·大荒北经》郭璞注:"冀州,中土也。"据此,陈逢衡《逸周书·尝麦》补注曰:"《山海经》郭璞注'冀州,中土也,故曰中冀'。""中冀"即中央冀州。

又如,《左传·哀公六年》载:"惟彼陶唐,帅彼天常,有此冀方。"孔颖达疏:"统天下四方,故云'有此冀方'也。""冀方"即古代帝王统领天下四方之地。

又如,《史记·五帝本纪》载:"尧崩,三年之丧毕,舜……之中国践天子位焉，是为帝舜。"《史记正义》引刘熙语："帝王所都为中，故曰中国。""中国"即帝王所都之地。

于是，历代遂以冀州为"中国"之号。如罗泌《路史》曰："中国总谓之冀州。"顾炎武《日知录》卷二"惟彼陶唐，有此冀方"条则曰："古之天子常居冀州，后人因之，遂以冀州为中国之号。"

总之，上述一系列古史文献，不仅明确地记载了虞舜政治活动中心的地理方位在号为"中国"的"冀州"，或是称作"中冀"、"冀方"的晋南地区，而且，更进而确切地界定了"冀州"的地理方位"在河北"，"不在河南"。

如《太平御览》卷百五十五引《帝王世纪》云："按经传曰，夏与尧、舜，同在河北冀州之域，不在河南也。"又如，顾炎武《日知录》卷二："惟彼陶唐，有此冀方"条亦云："尧、舜、禹皆都河北，故曰'冀方'。""河北"即黄河以北，亦即晋、豫间之"南河"以北，确指晋南地区。

从以上论述中，我们明确地看出，舜都的蒲坂，有着优越的地理位置，居"冀州"之"中国"境内，属于中央"冀州"，故名"中冀"，又称"中土"。当然，这个优越的地理位置，在舜的有虞氏部落境内，这是先天的优越条件。这先天的优越条件也不是凭空而降的，有着深厚的历史根源。

第二节　舜居冀州深厚历史根源

尧、舜、禹的兴起，不是偶然的，这是历史发展的必然。原始社会的氏族部落不断发展，必然要迈进文明的门槛。从黄帝时期开始，就一步一步地走向文明，到了尧舜禹时期，已经可以看见文明的曙光了，这是历史赋予尧、舜、禹的重任。而尧、舜、禹的传承，是由黄帝开始一代一代传承下来的。

就历史发展的连续性，陕西师大研究员王社教在《历史地理环境与舜居河东》中写道：

> 从历史发展的连续性来看，舜居河东最符合史实。
>
> 虞舜所处的时代属于我国历史上由原始社会向阶级社会过渡的时代。从古史传说来看，自从黄帝于阪泉之野大战炎帝、于涿鹿之野大战蚩尤，诸侯咸尊其为天子之后，天子之位一直是世袭的。黄帝之后为高阳（即颛顼），高阳之后为高辛（即喾），高辛之后为放勋（即尧），放勋之后为重华（即舜），重华之后为禹。《史记·五帝本纪》云："自黄帝至舜、禹，皆同姓而异其国号，以彰明德。"根据《大戴礼记·帝系》及《纪年》、《山海经》、《世本》、《史记》等史籍的记载，尧、舜、禹皆是黄帝的后裔，其谱系如下：
>
> 黄帝—玄嚣—蛴极—喾—挚、尧、契、后稷
>
> 黄帝—昌意—乾荒—颛顼—穷蝉—敬康—句芒—蛴

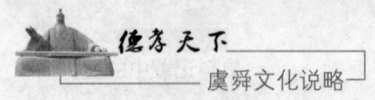

牛—瞽叟—舜

 颛顼—鲧—禹

 颛顼—偁—老童—重黎

 老童—吴回—陆终

  古史中这种三代同源的记载，在近代颇受学者的怀疑，普遍认为是子虚乌有的东西。但李学勤先生认为："既然各种古书都记有基本相合的传说，意义是不容抹杀的"，"炎黄二帝以及其后裔的种种传说都不是虚无缥缈的东西。"确实如此，这样严密的谱系不是凭空就能杜撰出来的，应该有其历史方面的背景。由此可知，尧、舜、禹之间的所谓"禅让"与夏、商、周三代的王位世袭制有相似之处，实际上是一种部落内部的王位世袭制，自黄帝至于舜、禹部落联盟的首领之位一直控制在黄帝部落手中，天下一直是黄帝部落的天下。

  虽然经过世代的演替，黄帝部落衍生出许多支系，但在当时的社会背景下，这些支系不可能迁徙到距其主系很远的地方，应紧紧围绕在其主系周围。《左传·哀公六年》载孔子引《夏书》曰："惟彼陶唐，帅彼天常，有此冀方。今失其行，乱其纪纲，乃灭而亡。"杜预注："灭亡，谓夏桀也。唐、虞及夏同都冀州，不易地而亡。"孔颖达疏曰："尧治平阳，舜治蒲坂，禹治安邑，三都相去各二百里，俱在冀州，统天下四方，故云'有此冀方'也。"据历史地理学者的考证，平阳即今山西临汾，蒲坂在今山西永济市西，安邑在今山西夏县西北。三者都在今晋西南地区的临汾盆地和运城盆地。实际上，在唐虞之前的黄帝的活动范围也是以晋西南地区为中心开展的。《史记·五帝本纪》云：黄帝"与炎帝战于阪泉之野，三战然后得其志"，"与蚩尤战于涿鹿之野，遂杀蚩尤"；又云黄帝"东至于海，登丸山，及岱宗。西至于空桐，登鸡头。南至于江，登熊、湘。北逐獯鬻，合符釜山，而邑于涿鹿之阿。"对于阪泉和涿鹿，古今均有不同的解释，李元庆先生从地名学和民俗学角度，并结合有关地理和炎、黄蚩尤活动地域的记载，推断就在晋南河东盐池附近的解州（今运城市解州镇）一带，论据充足，于理为允。

中国社会发展的历史，原始社会时期，从黄帝开始，就在黄河中游崛起了华夏民族的脊梁，最终形成中华民族的发祥地。到了尧舜禹时期，今晋南一带成为当时的政治舞台的中心区域，尧、舜、禹部落联盟的崛起，奠定了中华民族的基石，也为夏商周三代打下牢固的基础。古河东之所以能够成为尧、舜、禹强大的部落联盟崛起的地方，有其重要的物质基础。

第三节　河东盐湖是点燃中华文明的火种

河东盐池，又称解池。位于今运城市区南的卧云岗下，呈东西长、南北狭的元宝形，面积132平方公里。因靠阳光蒸晒，天然结晶成盐，完全不同于早期开发的煎熬起始的海盐和西南的井盐。有专家指出："运城盐池天日晒盐的历史悠久，

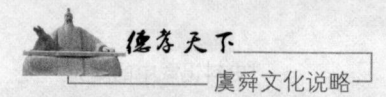

在我国以及世界盐业开发史上都是最早的","潞盐(即河东盐)生产的历史,最早可以追溯到尧、舜时期。"清代康熙年间纂修的《平阳府志·盐法》记载河东盐池曰:

> 盐池在中条山北麓。西距解州东门,东距安邑南门。黑龙堰长六十里,广七里,周一百二十里。安邑者为东池,近路村者为中池,今解州者为西池。三场亦以是得名。池底淤泥,滋生盐根,形如水晶。夏月,骄阳熏蒸,南风动荡,上结盐花,光洁坚厚,可胜行立。板上水约三寸,翻腾浪花,落板即成颗粒。古谓之漫生盐,今谓之斗粒盐。更时霖小雨则色愈鲜明,故曰颗盐。宜及时捞采。若遇大雨,盐复解散。秋冬池冷,不能生盐。间或有之,硝碱相杂,味亦不正。然中池北百步许,有淡泉一区,味甚甘冽。俗谓盐得此水方成。其西北七里,又有女池盐焉,据地高阜。唐开元中,置女盐监生。盐淡苦不可食。时或生硝,亦名硝池。而六小池及静林诸涧,每水溢则奔趋。女盐池为盐患池。在安邑东于盐池亦切近,故环池有墙,傍池有堰,皆所以障客水而护盐池也。

《平阳府志》简单介绍了河东盐池的形状,食盐的简况。河东盐池为何能天然成盐?《平阳府志·艺文志》有如下记载:

> 正德戊辰秋,逸人逾河西游,登梁山之颠,下历宜川,归息坂底,有羽士接延起问曰:"先生世居河东之

解，解有盐池，其形何似？"逸人曰："近在解城之东，远至安阳之左，南限中条，北滨峨嵋，形若沐盘，平如砥石。袤狭广长，幅员百里。花浮地面，雪涌水底。诚天设地造之区也。"羽士曰："弟子少游幽、燕，归经青、齐，彼之盐或出于土，或煮于海，则有盆镬之劳。将入蜀川，顺流淮、浙。彼之盐，或汲于井，或扫于卤，则有煎熬之苦。至于山崖草木，皆假人力，何独此盐若天然乎？"逸人曰："水惟润下，润下作鹹，解池下深百仞，傍多辅相，北有淡水泉，乃幻化盐花之腴。南有飞云岭，乃尸主盐泽之神。东南有盐风洞，盐花得此，一夕而成。东北有涌金泉，盐花以此滋养而生。然盐虽赖水，多亦能败。故池外有垣，垣外有堑，堑外有堰，连环数重，渟蓄百水，俾渗漉潜入，交相培养，方成作鹹之列。故大鹹，鱼鳖不生，性温，隆冬不冰，春秋生盐多硝，夏月生盐独美。若春葩之媚目，秋萼之耀日，晶莹百里，取之不穷。诚大宝也。"羽士曰："敢问生育何如？"逸人曰："在宋池次为沟，布畦其间岁以二月一日，畦户入池，公司、盖庵治畦淘沟，俟风日至，引水灌种，水深一二寸乃已。经数时，水面盐花浮上，若凝脂皎雪，谓之塌花，以其必击塌而后成盐也。乃用木，遍打，沉于水底，风力滚荡，逼以烈日，映水视之，若编目然，色即洁白，粒如斗颗。岁旱，色乾白，粒细而芒，霖雨过多，日色不烈，则青头色。正南风或正东风，则红白，颗成小印子状。东北西南风，则塌花不浮，满池如沸稀粥，谓之粥发。其味苦涩，不堪食，刮弃畦外，俟风转，则上水收种，俗谓朝种暮收是也。国朝和气所召，川原呈祥，不必治畦灌种，盖池以潴水，下有淤泥，中有盐根，根上有盐板。岁四五月，烈日映池，水面生花如薄冰。东南盐风震荡其花，翻花枝上，自成颗粒。古谓之漫生盐，今谓之斗粒盐。若得小雨，则颗愈鲜明，故曰颗盐也。"羽士曰："于古今何如？"逸人曰："青州贡盐未闻。解盐，周官以盐人掌盐，而有鹾盐，谓不冶炼者，盖解盐也。穆天子传，'有安邑观盐池'语。左传鲁成公六年，有'晋人郇瑕沃饶近盐'之说。则解盐载之籍亦久矣。秦之盐利二十倍于古，猗顿富与天子埒，汉以山泽为私奉，唐以盐铁佐国军，则解盐之利博矣。宋则解盐通商，陕京为便商，以纳钱之钞输盐，矜官以给盐之钞在解池，公家无辇运之劳，民用无泥沙之杂。爰至于元，虽取用解盐，而兴替不常，国家以盐通商，以利佐边，故封以墙堑，巡以警逻，而又统以风纪，民不得窃，商不得冒，防范周矣"。

以上通过对话，将河东盐池盐的天然形成、采捞、国家经济命脉详细叙述，同时说明解盐是最早的产盐地。乃至青州盐还没有听说，周朝时就有盐人管理解盐了。盐是人类生活不可缺少的调味剂，强壮人类筋骨的必不可少的食物。有学者认为，在夏商周以前的古代，各朝代的帝王都围绕河东盐池周围建都，原因都是将河东盐池作为邦之命脉。运城学院教授柴继光在《尧舜禹相继建都河东探因》中指出："人类文明是围绕产盐地兴起的……三个'帝都',距河东盐池最近的为禹都安邑,约为20公里;其次为舜都蒲坂,约为60公里;最远的为尧都平阳,约为140公里。"柴教授援引日本研究盐史的学者宫崎市定的《历史与盐》道:"中国最早的文明,实兴起于河东盐池附近。我想夏、商、周三代的国都大体上都位于消费河东池盐的地区,毫无疑问,盐池就是三代文明的经济基础。"当代学者孙丽萍在《河东盐池与华夏文明起源》一文则叙述更详,她写道:

二、尧舜禹建都的决定性因素

对尧舜禹建都何处,历来有分歧,但河东是唯一的有三代帝王建都之说的地方,这不能不引起我们的重视。帝王建都始于帝尧,史称尧都平阳(今山西临汾)、舜都蒲坂(今山西永济西蒲州镇)、禹都安邑(今山西夏县),可以说三代帝王将国都建在河东一隅,与盐池对国计民生的支持有直接的关系。

从现有盐业史研究成果看,制作食盐的准确时间很难考证,但是关于人类最早的制盐方法却有共识,那就是天日蒸晒所得的粗盐。史书载,三代以前,"煎盐之尚,贵天产也"。《水经注》里这样描述盐池:"池水东西七十里,南北十七里,紫色澄渟,潭而不流,水出石盐,自然印成,朝取夕复,终无减损。"河东盐池的天日成盐方式与当时低下的生产力相匹配。

《帝王世纪》载:尧都平阳,于《诗》为唐国。《括

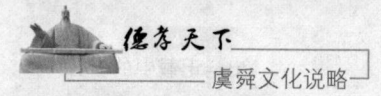

地志》说尧都在翼城县西二十里。《后汉书·郡国志》载：河东郡第三县为平阳，尧都于此。对于尧都平阳没有多少异议。

关于禹都安邑的记载更多。《帝王世纪》载：禹或居安邑。《汉书·地理志》载：禹自平阳迁安邑。安邑旧有的禹王城，为大中小三座城址。

关于尧舜禹都城在山西的说法可信度最高，从平阳迁安邑或从蒲坂迁安邑，总之部落的中心离盐池更近了一些。而"中国"一词的出现恰恰也在这个时候，当时讲舜即位"之中国"，"中国"一词最初指的就是晋南这块地方。

河东盐池是尧舜禹三代的重心和中心，这是由其人力、物力资源优势决定的。古代任何一个国家几乎都有以盐为交易通货的历史，古埃及、古罗马都有以食盐充当货币的记载。可以说，盐在古代是充当货币、祭祀又是生命必需的特殊物资。在生产力低下的古代，国都建在一个产盐区同时特别适合耕作的地方是有说服力的。

三、夏商周三代文明的经济基础

夏朝是史书记载的中国历史上第一个朝代，相传为夏后氏部落首领禹子启所建。《水经注》载：安邑，禹都也，故晋邑。秦置河东郡，王莽更名洮阳县，曰河东也。《通典》载：夏县汉安邑地。盖以夏禹所都为名。夏都安邑城，在今县北十五里。《夏本纪》说：帝相出居商丘，少康复归安邑。一个"复"字，道出了夏王朝曾定都安邑的事实。

商代都城在河南，几次迁址，最后定都安阳，商代的中心区域在山西、陕西、河南、河北、山东几省相连的广大地区，中原地方的食盐历来由河东盐池供应，官民食用盐供应来自河东。

公元前十一世纪武王灭商后建立周朝，都城镐京（今陕西西安市西南沣水东岸），史称西周。公元前770年，周平王将都城迁到洛阳，开始了五个世纪之久的东周（春秋、战国）时期。晋文公、齐桓公称霸一时，与他们掌握了食盐资源有密切关系，史书有晋文公以千辆盐车换铜的记载，而齐国当时也据有了青州之盐。《左传》称：公元前585年，晋人谋去故绛（在山西翼城东），诸大夫皆曰："必居郇、瑕氏之地，沃饶而近盬。"在今晋南临猗的西南，实即是靠近盐池之地。

后来虽说陕西有盐州、灵州两个产盐区，甘肃的会州有产盐地，河北的长芦盐、江淮的两淮盐都靠近河东盐区，但夏商周时这些盐源都不在中心区域之内。而河南中部、北部，陕西东南部和西安周围地区，全部依靠河东供应食盐，盐池支持了夏商周三代中心区域的政治和经济活动。

舜建都的蒲坂，距河东盐池50公里，舜的有虞氏部落必然获得盐池之利。而舜作为部落首领，后来又担任尧舜禹部落联盟的领袖，自然对河东盐池的生产十分重视。他经常到河东盐池视察，深入盐工们中间，了解盐业生产情况，了解盐工们的生活情况。一次，舜来到盐池，看见南风大起，盐产丰收，

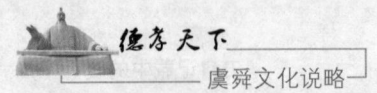

盐工们忙碌着收采食盐，于是心怀激荡，灵感顿发。遂作《南风歌》，徐徐吟道："南风之薰兮，可以解吾民之愠兮；南风之时兮，可以阜吾民之财兮。"《南风歌》罢，盐工们感戴舜德，欢呼雷动。乃至载入史册，流传千古，成为远古部落首领关怀民生的千古绝唱。

第四节　蒲坂环境优越适合作帝都

从地理环境来看，河东及蒲坂无疑占据着优越的地位。王社教在《历史地理环境与舜居河东》一文中写道：

>　　从地理环境的优越性来看，舜居河东最有可能。
>　　晋西南所在的山西地区属于黄土高原的一部分，黄土堆积深厚，"黄土是非常肥沃的未经淋泸的土壤，栽培作物可以多年不施肥，它的保墒能力使它能在雨水很少的条件下获得丰收。"黄土组织结构细而均匀，矿物成分丰富，质地疏松，容易粉碎，多大孔隙，有良好的保水保墒性能，有利于作物的栽培，非常适宜早期人类的开发和居住。而黄土高原以外的地区农业生产条件就要略逊一等。《尚书·禹贡》对当时各地的土壤条件和田赋等级有一个比较。如包括晋西南地区在内而且主要以今山西地区为主的冀州，"厥土惟白壤，厥赋惟上上错，厥田惟中中"，田地条件虽在九州中属第五等，但赋却在九州中位居第一；而包括今河北南部和山东西北部地区的兖州，"其土黑

坟，草繇木条，田中下，赋贞，作十有三年，乃同"，田地条件在九州中属第六等，而赋则属于九州中的最后一位；以今山东半岛为主的青州，"其土白坟，海滨广泻，厥田斥卤，田上下，赋中上"，田地条件在九州中第二等，赋则为第四等；包括今安徽、江苏北部和山东西南部地区在内的徐州，"其土赤埴坟，草木渐包，其田上中，赋中中"，田地条件在九州中属第二，赋则为第五等；淮河以南地区的扬州，"其土涂泥，田下下，赋下上上错"，田地条件在九州中属第九，赋为第七，杂出第六；包括今河南、湖北和江西地区在内的荆州，"其土涂泥，田下中，赋上下"，田地条件在九州中属第八，赋则为第三；以今河南地区为主的豫州，"其土壤，下土坟垆，田中上，赋杂上中"，田地条件在九州中属第四，赋则属第二；以今四川盆地为主的梁州，"其土青骊，田下上，赋下中三错"，田地条件在九州中属第七，赋则为第八，杂出第七、第九三等；包括今陕西、甘肃在内的雍州，"其土黄壤，田上上，赋中下。"田地条件在九州中属第一，赋则第六。就农业生产条件和田赋等级之间的关系来看，今晋西南地区无疑是这对于处于原始社会末期生产技术条件还相当低下的农耕部族的生存和发展来说无疑具有决定性的意义。

  冀州的田赋之所以能在九州中位列第一不仅仅得益于其土壤条件，气候的温暖湿润也是其中一个重要的因素。当时的晋西南地区并不像现在这样的干燥，缺乏水源。当时这里的河流水量丰富，湖泊众多，著名的昭余祁就位于今太原盆地南部一带，它由九个较大的湖泊连接而成。根据历史气候学家的研究，公元前 6000 年至公元前 1000 年，我国的气候属于仰韶温暖期，当时中国东部地区的气候要较现在温暖，年平均气温高出现在 2℃左右，冬季气温要高出现在 3℃至 5℃，亚热带北界位置与现在相比北移 5~6 个纬度，晋西南地区正处于亚热带北界的边缘地带。也就是说，当时晋西南地区的水热条件与今天秦岭—淮河一线地区相近。这样的良好的水热条件，再配以当地优越的土壤资源，给予技术条件还相当落后情况下的农业生产以有力的保障，从而也就给予以此作为生存基地的部落以有力的经济后盾，使他们在为争夺资源而战的连绵不断的部落争斗中立于不败之地，长期成为部落联盟的首领。

晋西南地区不仅具有优越的农业生产条件，还具有非常有利的地理区位。晋西南地区居于古代华夏各族活动的中心地带，不偏居一隅，大河由北向南又折东而去，成为沟通内外联系的桥梁和纽带，可以很方便的与周围各部族建立联系；同时北有黄土高原沟壑纵横，南有中条，砥柱滨河错峙，东有太行为之屏障，西有大河为之限隔，易守难攻，既可以在此安心地经营家园，又可以很方便地外出经略，是一处非常理想的立都之地。

王社教对于河东的地理位置、气候环境、农业生产以及土地情况进行了详细地分析，阐明了舜居于河东的充分的理由。

而据清代乾隆十九年（1754年）编修的《蒲州府志》中由当时的山西巡抚白恒文在《蒲州府志序》写道："蒲于古为帝都，风教之所由始，文物之所由昭。襟山带河，界连关陕，握控雍豫，盖全晋之形胜屏障西南者也。"蒲坂作为舜建都之所，不仅居于冀州中央，而且是晋省的南大门，地理位置非常重要，也是一个兵家必争的战略要地。

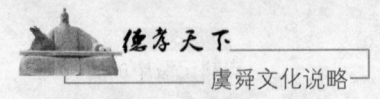

第五章 舜卒鸣条

关于舜卒崩何地？自古有鸣条和九疑山两种说法，而中国的真正统一是秦始皇，舜处于原始社会时期，国家没有形成，社会极端落后，也不存在帝王巡守四岳的历史事实。因此，舜卒崩于鸣条是经得起历史推敲的。

第一节 古人关于舜卒葬的记载

关于舜的卒葬，载于古代典籍的，历来有以下几种说法：

1. 《尚书·舜典》："舜三十徵庸，三十在位，五十载陟，方乃死。"

2. 《孟子·离娄下》："舜生于诸冯，迁于负夏，卒于鸣条。"

3. 《墨子·节葬下》："舜西教乎七戎，道死，葬南巳之市，衣衾三领，谷木之棺，葛以缄之，巳葬而市人乘之。"

4. 《竹书纪年》："四十九年，帝居于鸣条。五十年，帝陟，义均封于商，是谓商均，后育娥皇也。鸣条有苍梧之山，帝崩，遂葬焉。今海州。"

5. 《礼记·檀弓上》："舜葬于苍梧之野，盖三妃未之从也。"

6.《山海经》："南方苍梧之丘,苍梧之渊,其中有九疑山,舜之所葬,在长沙零陵界中。"

7.《史记·五帝本纪》："践帝位三十九年,南巡狩,崩于苍梧之野,葬于江南九疑,是为零陵。"

8.《孔子家语·好生》："巡狩四岳,五载一始。三十年在位。嗣帝五十载。陟方岳。死于苍梧之野而葬焉。"

9. 清代乾隆年间纂修的《平阳府志·山川》："安邑县:中条山,县南二十里。说者谓西岳华、东太行。此山当其中,故云中条。《山海经》为中经条谷之山,一名苍梧山。山产梧桐苍玉。《竹书》曰:鸣条有苍梧山。舜崩苍梧即此。"

关于舜卒葬,千百年来一直争论不休。主要有两种说法,一是孟子说的"卒于鸣条"即今山西运城市的鸣条冈;一是司马迁说的"南巡狩,崩于苍梧之野,葬于江南九疑,是为零陵。"

据古人以上所论,一是孟子说舜卒于鸣条,在现在的山西运城市境内的鸣条冈;二是司马迁说舜南巡狩,崩于苍梧之野,葬于江南九疑。关于南岳的地点,最初是安徽的天柱山,又名霍山。后又改为今湖南的衡山。南巡狩到达最南的就是湖南的衡山。关于苍梧,是汉代的地名,是西汉元鼎六年(前111年)汉武帝做皇帝二十九年设置的郡治,即今广西梧州市。司马迁说舜崩于苍梧之野,就是说舜卒崩于今广西梧州市一带。江南九疑即今湖南宁远县的九嶷山。按照司马迁的意思,舜南巡狩到达今湖南的衡山,卒崩却在今广西的梧州市一带,葬于今湖南省宁远县的九嶷山。舜既然南巡狩到南岳衡山后,办完各项事务后,要往西走,到西岳华山。而苍梧距衡山上千里远,却不知跑到今广西的梧州市一带干什么?今湖南宁远的九嶷山在衡山南边几百里远,九嶷山在今广西梧州市东北方几百里的地方,夏天十分炎热,不将舜就地葬于苍梧,却翻山越岭到几百里外的九嶷山去安葬舜。从苍梧返回蒲坂,方向是往北,而不是往东的九嶷山。《平阳府志》说,鸣条有苍梧山,舜崩在中条之苍梧山。尚还有些道理,因为中条山距舜晚年休息的鸣条冈很近,而鸣条冈又是中条山的余脉。百余岁的舜完全可以到中条山之苍梧山去。也不知是不是司马迁等人没有弄清中条山之苍梧与今广西之苍梧,就把中条山之苍梧写成了今广西之苍梧。

第二节　巡狩四岳是帝王的职事

欲弄清舜有没有南巡狩,首先先了解一下古代帝王巡狩四岳是怎么回事。关于巡狩,《孔丛子·巡狩》叙述如下:

子思游齐,陈庄伯与登泰山而观,见古天子巡狩之铭焉。陈子曰:"非不悦斯道,力不堪也。子圣人之后,吾愿有闻焉,敢问昔圣帝明王巡狩之礼。可得闻乎?"子思曰:"凡求闻者,为求行之也。今子自计必不能行,欲闻何为?"陈子曰:"吾虽不敏,亦乐先王之道,于子何病,而不吾告也?"子思乃告之曰:"古者天子将巡狩,必先告于祖祢,命史告群庙及社稷,圻内名山大川,告者七日而遍。亲告用牲,史告用币,申命冢宰,而后清道而出。或以迁朝之主行,载于斋车,每舍奠焉。及所经五岳四渎,皆有牲币,岁二月东巡狩,至于岱宗,柴于上帝,望秩于山川。所过诸侯各待于境。天子先问百年者所在而亲问之,然后觐方岳之诸侯。有功德者,则发爵赐服,以顺阳义。无功者则削黜贬退,以顺阴义。命史采民诗谣,以观其风。命市纳价,察民之所好恶,以知其志。命典礼正制度,均量衡,考衣服之等。协时月日辰。入其疆,遗老失贤,掊克在位,则君免。山川社稷有不亲举,土荒民游为无教,无教者则君退。民淫僭上为无法,无法者则君罪。入其疆,土地垦辟,养老尊贤,俊杰在位,则君有庆。遂南巡,五月至于南岳。又西巡,八月至于西岳。又北巡,十一月至于北岳。其礼皆如岱宗。归返,舍于外次,三日斋,亲告于祖祢。用特,命有司告群庙社稷,及圻内名山大川,而后入听朝。此古者明王巡狩之礼也。

据以上所论,古代帝王巡狩,是了解体察民情政情的重大举措,每五年一巡狩,二月巡狩东岳泰山,五月到南岳衡山,八月到西岳华山,十一月到北岳恒山。南巡狩即巡狩四岳时巡狩到达南岳。据《尚书·舜典》和《史记·五帝本纪》都记载了舜巡狩四岳,却没有记载秦始皇巡狩四岳。舜究竟有没有巡狩四岳之举?

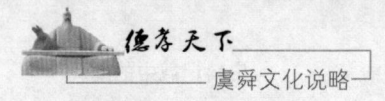

第三节　舜没有巡狩四岳

舜生活在四千年前的原始社会，当时社会非常落后，国家没有统一，尧、舜、禹部落联盟的地域仅仅局限在今山西西南部。从舜又过去六七百年，夏桀的地域也仅仅局限在今山西的南部。《尚书正义》曰："桀都安邑"，相传为然，即汉之河东郡安邑县是也。《史记》吴起对魏武侯云："夏桀所居，左河济，右太华，伊阙在其南，羊肠在其北，修政不仁，汤放之也。"《地理志》云：上党郡壶关县有羊肠坂，在安邑之北。是桀都安邑必当然矣。将明陑之所在，故先言"桀都安邑"。桀都在亳西，当从东而往，今乃升道从陑。"升"者，从下向上之名。言陑当是山阜之地，历险迂路，为出其不意故也。陑在河曲之南，盖今潼关左右。河曲在安邑西南，从陑向北，渡河乃东向安邑。鸣条在安邑之西，桀西出拒汤，故"战于鸣条之野"。

这段话说明桀的地域，东边是济水和太行山，西边是华山，南边是伊阙即洛阳一带，北边是壶关的羊肠坂。汤为了战胜桀，不翻越险峻的太行山，而是绕道从潼关渡河，从中条山居高而下地进攻桀。夏桀的地域在今山西南部，包括了晋东南。舜时的地域只能比夏桀时代小，不可能比夏桀时代大。而舜时的"中国"，正如苏秉琦所说的是"共识的中国"。尧、舜、禹部落联盟周围的上万个（万邦）部落只是共识地认为尧、舜、禹部落联盟是所谓的"中国"，但却不能去领导他们。

既然不是一统的天下,舜怎么能去别的部落去巡狩四岳呢?!

原始社会是氏族部落为政体的社会,没有国家,也没有真正意义上的帝王。其落后状况,徐旭生在《中国古史的传说时代》第六章·所谓炎黄以前古史系统考中写道:

> 在远古的时候社会组织的范围是很小的,氏族林立,交通不便。虽说偶然有一个特别的氏族在某一定期间对于周围的各氏族得着一种压倒的优势,但是各氏族中间还不能有一种带恒久性的组织。"人亡政息",还不能融化成一个强大的部族,也无法组织成一个强固的国家。社会发展到这一个阶段的时候,文化进展还是很缓慢的。

徐旭生认为,黄帝以前的社会组织的范围是很小的,氏族林立。从黄帝到禹,传了五代,也就是两百年的样子。两百年在落后的原始社会,不可能有什么翻天覆地的变化。绝对不可能像吹泡沫一样吹出个大一统的天下来。社会的嬗变是很缓慢的,从黄帝到尧舜禹时代,基本应该还是氏族林立的时代,不同的是,出现了尧、舜、禹华夏部落联盟这样一个强大的组织,成为中华民族的摇篮。

第四节　秦始皇以前的帝王都没有巡狩四岳

秦始皇好大喜功,自从统一全国后,自以为功高盖世,前无古人,后无来者。四处巡视,但却没有巡狩四岳。这与秦始

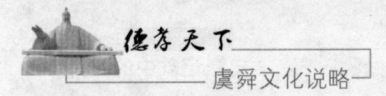

皇的性格决不相符。《史记·秦始皇本纪》对秦始皇四方巡视作以下记载：

二十七年，始皇巡陇西、北地，出鸡头山，过回中。焉作信宫渭南，已更命信宫为极庙，象天极。自极庙道通郦山，作甘泉前殿。筑甬道，自咸阳属之。是岁，赐爵一级，治驰道。

二十八年，始皇东行郡县，上邹峄山。立石，与鲁诸儒生议，刻石颂秦德，议封禅望祭山川之事。乃遂上泰山，立石，封，祠祀。下，风雨暴至，休于树下，因封其树为五大夫。禅梁父……于是乃并渤海以东，过黄、腄、穷成山，登之罘，立石颂秦德焉而去。南登琅邪，大乐之，留三月。乃徙黔首三万户琅邪台下，复十二岁。作琅邪台，立石，刻颂秦德……于是遣徐市发童男女数千人入海，求仙人。始皇还过彭城，斋戒祷祠，欲出周鼎泗水。使千人没水求之弗得。乃西南渡淮水，之衡山、南郡。浮江至湘山祠。……上自南郡，由武关归。

二十九年，始皇东游，至阳武博狼沙中，为盗所惊。求弗得，乃令天下大索十日。登之罘，刻石……旋，遂之琅邪，道上党入。

……

三十二年，始皇之碣石，使燕人卢生求羡门高誓。刻碣石门，坏城郭，决通堤防……始皇巡北边，从上郡入。

……

三十五年，除道，道九原，抵云阳。堑山堙谷，直通之。

……

三十七年十月癸丑，始皇出游……十一月，行至云梦，望祀虞舜于九疑山。浮江下，观籍柯渡海渚，过丹阳，至钱塘。临浙江，水波恶，乃西百二十里从狭中渡。上会稽，祭大禹，望于南海，而立石刻颂秦德……还，过吴，从江乘渡，并海上，北至琅琊……自琅琊北至荣成山，弗见。至之罘，见巨鱼，射杀一鱼，遂并海西。至平原津而病……七月丙寅，始皇崩于沙丘平台。

从《史记》中，我们可以看出，秦始皇统一全国后，就不停地巡视全国，足迹几乎遍及大半个中国，而且到处刻碑立石，歌颂秦德。可是，如此好大喜功的秦始皇，虽然到处巡游，却没有巡狩四岳。

第五节 真正巡狩四岳是汉武帝以后的帝王

为什么秦始皇没有巡狩四岳？因为在秦始皇及其以前，还没有五岳的称谓。《辞海》关于"五岳"表述如下：

据今人考证，五岳制度始于汉武帝；旧传尧舜时即已有之，乃汉代经学家的附会。汉宣帝确定以今河南的嵩山为中岳，山东的泰山为东岳，安徽的天柱山为南岳，陕西

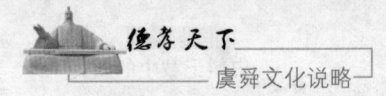

的华山为西岳，河北的恒山（在曲阳西北）为北岳。其后又改今湖南的衡山为南岳，隋以后遂成定制。明代始以今山西浑源的恒山为北岳。

汉武帝时创制五岳制，以后逐步形成定制，直到明代才最后确定完善。秦始皇以前没有五岳的称谓，中国也没有真正实现统一。秦始皇统一全国以后，到了汉代，国家各种制度日臻完善，尤其是到了汉武帝时，国家政治、军事、经济达到了鼎盛时期，同样好大喜功的汉武帝，就要找着花样炫耀武功，于是创制了五岳制度，一些经学家们为了附会汉武帝的雄心韬略，就创造出了巡狩四岳的壮举，以煊赫汉武帝做皇帝的威仪的心态。而汉武帝之前，没有五岳的制度，因而秦始皇以前的帝王都没有巡狩四岳之举。而司马迁在《史记·五帝本纪》中记载舜"巡狩四岳"曰：

岁二月，东巡狩，至于岱宗，柴，望秩于山川，遂见东方君长，合时月正日，同律度量衡，修五礼、五玉、三帛，二生一死，为挚，如五器，卒乃复。五月南巡狩，八月西巡狩，十一月北巡狩。皆如初。归至于祖祢庙，用特牛礼。五岁一巡狩，群后四朝。……践帝位三十九年，南巡狩，崩于苍梧之野，葬于江南九疑，是为零陵。

舜没有巡狩四岳，应该是确凿的历史事实。司马迁关于舜巡狩四岳的失实的记载，是将汉武帝时期的帝王巡狩，挪到了原始社会，强加到舜的头上，造成了两千余年的"舜葬于九嶷"的错误结论，乃至于今人依然奉为定论，一误再误，不知还要误导到什么年代。

第六节　古人言舜不死于南巡不葬苍梧

舜不死于南巡与不葬于苍梧，自古就有言论。却因为司马迁是名人，所言具有一定权威性，信从的人众多，而舜不葬于九嶷的言论，一直引不起大家的重视。现将明代张萱《疑耀·洞庭湘妃墓辨》摘录如下：

按《永州志》，帝舜陵在九疑山，一名永陵。《礼记·檀弓》：舜葬苍梧之野。司马《史记》：舜南巡，崩于苍梧之野，归葬零陵之九疑。又载于《家语》、《皇览》、《竹书》、《世纪》。岳之洞庭有君山，其上为湘妃墓，古今相传为尧之二女以妻舜者，舜南巡溺于湘江，二妃从征，偕溺而死，神游洞庭之湖，故湖有黄陵庙以祀二妃，详即具秦博士之对始皇也。王逸《楚辞》亦遂以二妃为湘君与湘夫人。而刘向、张华、郦道元、罗含诸人相承，为万世不解之惑。及乐正子《寰宇记》、张叔范《零陵志》、杨廷秀《挥尘录》、吴格甫《九疑考古》并述之。楚灵王作章华之台，壅汉水旋其下，以象舜陵，而秦皇、汉武皆尝望祀。宋置守陵五户，而国朝布在祀典，仍建庙箫韶峰下。二妃墓在黄陵庙西，云乃汉荆州牧刘表所建，国朝命有司以六月六日致祭焉。余按《尚书》，舜五月南巡至南岳，即衡山也，是岁八月复西巡狩矣，溺死之说谬妄不足辨。独怪孔氏传《舜典》陟方注，亦曰舜南巡狩，死于苍梧之野而葬焉，尤足掩口。夫《尚书》所称舜陟方乃死，是在受终文祖之后，而南巡则尧未殂落，而舜摄政之时，安得云舜以南巡狩而死于苍梧耶？但舜葬苍梧，又见《礼经》与秦博士，合夫《尚书》圣经也。《礼经》则出汉儒之手，秦始皇时《尚书》犹在孔壁中，秦博士未之见也。岂其时始皇巡狩徧天下，百姓疲劳，而博士辈诡言舜以巡游溺死，警悟君心耶？或为之说曰：古者天子五载一巡狩，《尚书》所载舜巡狩在摄政时，安知受终文祖之后，不复巡狩？故或复巡狩而溺死，亦未可知耳。余曰否否，巡狩大典也，天子而溺死大变也，受终复巡狩而溺死，《尚书》岂有不明言以纪之者？且舜年二十以孝闻，三十尧妻以女，五十摄行天子事，五十八尧崩，六十一践位，故董鼎曰：舜巡四岳，朝诸侯，封山濬川，考礼正刑，汲汲不少暇，乃摄政时事，至践位后，则惟责成于岳、牧、九官，垂裳恭己而已。孔子曰有天下而不与此，自舜践位后言也，岂复出而巡狩耶？况《尚书》已明言三十徵庸，三十在位，五十载陟方乃死，是舜之死盖百一十岁也，复巡狩而溺死耶？说者又以陟方为巡狩，韩退之乃云地倾东南，南巡非陟也，陟者升也，方乃死者，释陟为死也。苏子瞻云陟方犹升遐，乃死为章句（阙）。故汲书《纪年》帝王之死皆曰陟，《书》云在位五十载陟者，纪舜之崩也，何谓南巡哉？他传又云舜伐苗民，崩于苍梧，夫伐苗者禹也，已窜三危矣，何得劳无为之舜于耄期之时耶？都玄敬《听雨纪谈》乃疑舜塚在零陵之九疑，而九疑在南岳千有余里，苍梧在广西域内，去九疑又数百里，《书》云舜南巡狩至于南岳，岂又幸九疑遂崩而葬其地乎？……又按舜陵载在《山海经》者非一说，《海内南经》"苍梧山，帝舜葬其阳"，又《海内·朝鲜记》"南方苍梧之泉，其中有九疑山"，"舜之所葬在长沙零陵界中"。夫《山海经》，世称伯益作，而长沙零陵乃秦汉郡名，则知此书多后人附益，而九疑舜陵渺不可信矣。又《宝椟记》云舜葬于苍梧，有鸟自丹州而来，吐气名曰冯霄，能衔土成丘坟，舜墓鸟所营也。《集仙录》又云瞑目端坐，乘空而至南方之国，其中有九疑山焉，历数既往，归兹山。《真源赋》云舜因南巡，走马逐鹿，同飞苍梧，莫知所去。王仲任《论衡·书虚篇》云舜葬苍梧，象为之耕。四说尤妄诞不足辩。故朱晦庵《粤西舜祠记》业已疑之，曰舜死苍梧无明文可据，犹未为之辩耳。司马光有诗：虞舜在倦勤，荐禹为天子；岂有复南巡，迢迢渡湘水。似为得之。是舜之不死于南巡狩与不葬苍梧，明甚！彼洞庭又安得有二妃墓哉？

张萱对于舜之不死于南巡狩与不葬于苍梧，议论详细。认为舜五月南巡狩衡山，八月西巡狩，说舜溺死湘江，真是谬妄不值得辩论。这类文章还有许多。而清代的邵泰衢对《檀弓》

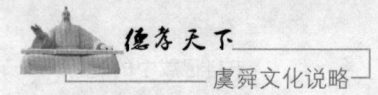

所说的"舜葬于苍梧之野,盖三妃未之从也。"也提出质疑,他在《檀弓疑问》中指出:

> 舜长妃娥皇,次妃女英,次妃癸比;生二女,曰宵明,曰烛光。三妃皆不从舜之葬,盖以舜崩于零陵之苍梧也夫?苍梧者,楚之汨罗,汉之零桂,其时未入中国,舜既耄期而倦勤,禹当摄政,又何躬至不宾之地而崩于其野?况舜之崩年百有十岁,二女降于沩汭,是时当亦百岁矣。后世之讹云舜死葬苍梧,二女从之不及,溺沉湘之间。《列女传》云二妃死湘江,郑司农亦以舜妃为湘君。《河图玉版》云帝尧二女,始皇博士亦云尧女舜妃,且附会湘妃泪竹,讹莫解矣。又《山海经》云:洞庭之山帝之二女居之。郭璞云:天帝之二女,盖宵明、烛光,舜帝之二女也。以母癸比氏,随商君封于商,故今巴陵有癸比氏之墓焉。意舜帝二女为湘江之神,名实相乱,莫矫其说耳。故罗泌以为舜之二女,刘氏亦以为天之二女。总之,舜卒于鸣条,汤放桀之鸣条也,今之山西安邑县也。舜不死于苍梧,而《吕氏春秋》以陈留平丘之鸣条亭为鸣条,又以海州东海县为鸣条,亦不必深考也。《孟子》曰卒于鸣条,吾信孟子而已。盖滋世之惑者,《史记》葬零陵九疑与夫《檀弓》葬于苍梧之说始也,且说三妃未之从也,而溺于沉湘之说,与夫湘神之说,又始矣,不经甚矣。司马温公曰:虞帝在倦勤,荐禹为天子,岂有复南巡,迢迢渡湘水。张文潜曰:重瞳陟方时,二妃盖老人,安肯泣路

旁，洒泪留丛筠。诚哉！

邵泰衢指出，舜崩于空陵港梧，二妃溺于湘江，这都是荒谬不实的记载。总之，舜卒于山西安邑县鸣条，相信这是真实的历史事实。并以司马光和张文潜的诗来证实。

第七节　即便巡狩也是禹而非舜

关于巡狩，经有关专家研究考证，证实了秦始皇以前的古代帝王都没有巡狩过四岳，这应该是历史上真实的情况。退一步来说，即便是舜时巡狩，也应该是禹，而不是舜。古人对此已有许多论述，宋代罗泌《路史·辩帝舜塚》曰：

> 《孟子》曰舜生于诸冯（即《春秋》之诸浮，冀州之地），迁于负夏（卫地），卒于鸣条，东夷之人也（在河中府安邑，或云陈留平丘有鸣条亭，然汤伐桀与三朡昆吾同时，三朡在定陶，鸣条义不得在陈留。又安邑有昆吾亭，显其非是也）。诸冯、负夏、鸣条，皆在河南北，故葬于纪，所谓纪市也（详《纪》中，纪在河中府皮氏）。今帝墓在安邑，而安邑有鸣条陌，其去纪才两舍，《帝纪》言河中又舜塚，信矣（亦见《广川家学》）。而《竹书》、《郡国志》等皆言帝葬苍梧，则自汉失之（《礼记》是）。至郑康成遂以鸣条为南夷之地，不已踈乎！《孟子》言诸冯、负夏、鸣条，《伊训》言亳鸣条三朡，皆卫、晋之

地,岂得越在南夷哉?故宝苹云:舜卒鸣条,去所都蒲坂七十里,无缘葬于苍梧四千里外。而司马《考异》乃谓苍梧为在中国,必非江南。然无明文,且谓江南,抑又疎矣)。夫苍梧自非五服,人风媟劕,地气高瘴,在虞夏乃无人之境,岂巡狩之所至耶?方尧老舜摄也,于是乎有巡狩之事,今舜既已耄期,倦剧形神,告老释负而付禹,则巡狩之事禹为之矣,岂复躬巡狩于要荒之外也哉!

罗泌在详细论证了舜卒葬在河东鸣条后,对于郑康成所说鸣条为南夷之地,进行否定。并对舜南巡狩之事作辨析。首先认为苍梧不是五服,古代帝王将天下划分五服,每服五百里,五服内的诸侯才向帝王纳贡,五服外的自与帝王无关。而且苍梧在尧舜时是无人之境,巡狩岂能到那个地方?提出质疑。而舜卒崩前,早已进入耄期,倦剧形神,将治理部落联盟的重任交给禹。巡狩的事是由禹去做的,舜又怎么能巡狩到极为荒芜的边远之地呢!明代顾起元撰《说略》曰:"且虞帝晚年,亦既退听而禅禹矣,南巡之举总之伯禹,而二妃者俱过期颐,孰有从狩之事哉?"说明舜晚年禅禹,南巡也应该归禹行事。

我们在前面已经谈到,巡狩是帝王恤民治政的重大政举,是非常重要的国家大事。帝王在巡狩期间,要进行繁杂的种种举措,是一种非常重要的国家大典。

首先,要"告于祖祢,命史告群庙及社稷,坼内名山大川,告者七日而遍。亲告用牲,史告用币,申命冢宰",就是要向四面八方公告皇帝要巡狩四岳的消息,要向祖先报告这一消息；向群庙诸神报告这件事；向社稷报告；向各名山大川报告。七天而告遍。还要宰杀牲畜，祭献神祇。

其次，要动用人力，清扫沿途道路，皇帝沐浴而后出行，沿途向经过的五岳四渎，皆以牲币祭献。

其三，二月到达东岳泰山，"柴于上帝，望秩于山川"。要举行祭天仪式，积柴、加牲，祭祀天帝，东岳境内名山大川依次望祭之。

其四，东方各个诸侯国国君觐见皇帝，五等诸侯各执其玉觐见，向皇帝报告自己的政绩，同时禀告自己的过失。

其五，协时月正日，同律度量衡。即合四时之节气，月之大小，日之甲乙，使齐一也。律法制及尺丈、斛斗、斤两，昔均同。

其六，皇帝对于各个诸侯国国君进行评判，"有功德者，则发爵赐服，以顺阳义。无功者则削黜贬退，以顺阴义。"各诸侯国君有功者升迁，发爵赐服；无功者削职贬退。

其七，"命史采民诗谣，以观其风。"采民间歌谣，观民间风俗。

其八，"命市纳价，察民之所好恶，以知其志。"体察民情，知民心志向。

而后，巡狩南岳，各种礼仪如同东岳时一样。

皇帝巡狩四岳期间所做的一切，都是皇帝的职权范围内的施政行为。因此，巡狩四岳是皇帝亲自所行的举措。舜时即便巡狩四岳，舜已经将部落联盟首领权力交给禹，成为退位的老人，没有了执政的权力，又怎么能够行使部落联盟首领的权

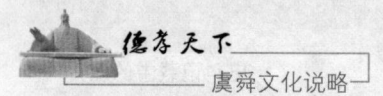

力！舜卒葬前已经将部落联盟首领权力交给禹十七年了，大圣大贤的舜，绝不会在其卒前又将权力从禹手里要回来去巡狩。这一点应该是很明确的，即便舜时巡狩四岳，应该是部落联盟首领禹，而不应该是舜。

第八节 陟方是升遐而非巡狩

自从司马迁在《史记》中说舜葬于九嶷后，历代文人对此也进行不断考证，信从者不少，质疑者亦不少。

唐代刘知几《史通》中写道：

> 《虞书·舜典》又云五十载陟方乃死，注云死苍梧之野因葬焉。按苍梧者，于楚则川号汨罗，在汉则邑称零桂，地总百越，山连五岭，人风裸剸，地气燠瘴，虽使百金之子，犹惮经履其途，况以万乘之君而堪巡幸其国？且舜必以精华既竭，形神告劳，捨兹宝位，如释重负，何得以垂殁之年更践不毛之地？兼复二妃不从，怨旷生离，万里无依，孤魂溘尽，让王高蹈，岂其若是者乎？历观自古人君废逐，若夏桀放于南巢，赵嘉迁于房陵，周王流彘，楚帝徙郴，语其艰棘，未有如斯之甚也。斯则陟方之死，其殆文命之志乎？

刘知几认为，苍梧在古代极为荒芜，百金之子"犹惮经履其途"，何况舜在垂殁之年，舍弃宝位，如释重负，何能践此不毛之地。即便是夏桀放于南巢、周王流彘,其艰棘也没有如此之甚。这难道是大禹的意思?

而明代陈士元《江汉丛谈》卷一·舜陵中提出更多的疑问,现摘录于下:

> 仁卿问舜陵,答曰:《永州志》云帝舜陵在九疑山,一名永陵。《礼记·檀弓》云舜葬苍梧之野。司马子长(迁)《史记》云舜南巡,崩于苍梧之野,归葬零陵之九疑。又载于《家语》、《皇览》、《竹书》、《世纪》,而乐子正(史)《太平寰宇记》、张叔范(埏)《零陵志》、杨廷秀(万里)《挥尘录》(王仲言明清亦有《挥尘录》,无舜陵事)、吴格甫(致尧)《九疑考古》并述之。楚灵王作台象焉(《国语》吴王夫差将伐齐,申胥谏曰:昔楚灵王筑台于章华之上,阙为石郭,陂汉,以象帝舜。注云:舜葬九疑山,其水旋丘下,故壅汉水,使旋石郭,以象之也)。秦皇、汉武皆尝望祀。宋置守陵五户,国朝布在《祀典》,乃建庙箫韶峰下。余谓舜葬九疑非实。孟子言舜卒于鸣条,今安邑有舜墓,又有鸣条陌,是其证也。而郑康成(玄)乃以鸣条为南夷地,谬也。舜既禅禹,岂复巡狩于荒服外哉?《书》云陟方乃死,说者以陟方为巡狩。韩退之(愈)云地倾东南,南巡非陟也,陟者升也,方乃死者,释陟为死也。苏子瞻(轼)亦云陟方犹升遐乃死为章句。后世遂以为经文,故汲书《纪年》帝王之崩皆曰陟。《书》云在位五十载陟者,纪舜之崩也,何谓南巡

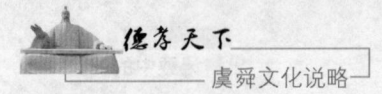

哉？他传又云舜伐苗民，崩于苍梧。夫伐苗者禹也，已窜三危矣，何得劳无为之舜于耄期之时邪？欧阳永叔（修）诗云"虞舜老倦勤，荐禹为天子；岂复有南巡，迢迢渡湘水"是也。都玄敬（穆）《听雨纪谈》云：史言舜南巡，崩于苍梧之野，今舜塚乃在零陵之九疑，九疑去南岳千有余里，苍梧在广西域内，去九疑又数百里，《书》云舜南巡狩至于南岳，岂又幸九疑，遂崩而葬其地乎？

陈士元列举韩愈和苏轼等人关于陟方的解释，尤其是韩愈认为，地倾东南，如果是南巡狩，应当是陟下方，而不是陟方。所以，陟方不是南巡狩。苏轼认为，陟方是升遐，乃死为章句，进一步说明卒崩的意思。

第九节　舜卒鸣条符合史实

通过对巡狩的探析，表明舜并没有巡狩，且秦始皇以前的帝王也都没有巡狩之举。那么司马迁又是如何得出舜南巡狩的论据呢？清代崔述在《唐虞考信录》中写道：

>舜生于诸冯，迁于负夏，卒于鸣条。（《孟子》）
>《戴记·檀弓上》："舜葬于苍梧之野，盖三妃未之从也。"《史记》云："（舜）南巡狩，崩于苍梧之野，葬于江南九疑，是为零陵。"《伪孔传》云："'方'，道也；升道南方巡狩，死于苍梧之野而葬焉。"唐韩子《黄陵庙

碑》，宋司马君实《史剡》"皆尝驳之。"《史剡》之说未安；今载韩子之说于下：

【韩子《黄陵庙碑》】（节录）"《竹书纪年》，帝王之没皆曰'陟'，升也，谓升天也。《书》曰：'殷礼陟配天'。故《书》纪舜之殁云'陟'。其下言'方乃死'者，所以释陟为死也。地之势东南下，如言舜巡狩而死，宜言'下方'，不得言'陟方'也。"

余按：《尧典》之记巡狩皆至四岳而止。苍梧，百越之地，在九州之外，乃古荒服，舜不当远涉于此。孟子之说近是。《戴记》之文本多驳杂，而《史记》则又采诸《戴记》，《伪传》则又因《戴记》、《史记》之文而曲为附会者，皆不足信。韩子辨是也。故今但载《孟子》之文，余悉不录。

崔述在《唐虞考信录》中，对于南巡狩之来由，进行详细的剖析，说明舜南巡狩来自于《伪孔传》对"陟"的解释，其将"陟"错误地解释为"升道南方巡狩"。于是，《史记》等都沿着此意，纷纷将舜写成南巡狩，死于江南，葬于九疑。韩愈对"陟"作进一步的解释，就是升天的意思，假如说舜是巡狩而死，不可以说"陟方"，因为地倾东南，应该说"下方"。所以说，"陟方"不是巡狩之意。崔述进而辩解说，《尧典》记载巡狩，都是到四岳就停止了，不再往南行。而苍梧是百越之地，在九州之外，是十分荒芜的地方，舜不当远涉于此。还是孟子说的是对的，舜卒于鸣条。所以，只记载《孟子》的说

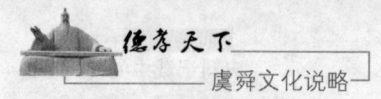

法，其他的不录。

鸣条冈属中条山的余支，位于古河东郡的腹地，从东边绛县的中条山下起势，由东向西，绵亘于中条山以北，漫衍于涑水河之阴，东西带映，蜿蜒百里，势若游龙，经闻喜县、夏县、盐湖区，西至临猗县香落村而止。1934年由景定成先生总纂的《安邑县志》曰：

> 鸣条冈，在县北三十里，及中条余支漫衍于涑水之阴者，东西带映，势若游龙，舜陵在焉，孟子所谓"卒于鸣条"是也。按《汉书·地理志》云：鸣条陌在安邑县西北。因安邑古城汉时在夏县，故云。《尚书》："汤与桀战于鸣条"。《左传》："晋侯夫人姜氏以条之役生太子。"后人谓条即鸣条，其名颇古。"

清代徐文靖《竹书统笺》："四十九年，帝居于鸣条。笺：按《郡国志》：'河东安邑，《帝王世纪》曰县西有鸣条陌。'《括地志》：'高涯原在安邑县北，其南阪口，即古鸣条陌。'按舜都蒲坂，距鸣条二百余里，舜居鸣条，亦如尧居城阳也。又《困学纪闻》以舜卒鸣条在今陈留平丘。"由此可见，鸣条冈是一个非常古老的地名。

鸣条冈，在古河东一直被当地老百姓作为神圣的象征，人们之所以敬仰鸣条岗，舜帝葬于冈上也是一个非常重要的因素。千百年来，当地群众每年都有祭祀舜帝的传统节日，声势浩大，历久不衰。有关鸣条冈之舜陵形胜，相宗皋在景定成总纂的《安邑县志》卷十四·舜陵形势一文中写道：

> 余不文，尝考《史记》所载，荒渺不足信不啻一二事。至于舜，史载其南巡狩而崩，葬于苍梧，二妃求之，望其山为九疑。九疑者，九巍也。夫舜即葬矣而二妃始求之者，其初岂不知乎？此其说已大背乎理而迷谬于千古矣。孟在史迁之前五六百年，则舜陵之疑信当以孟子之言为正。及旁览诸贤书，俱信舜陵在鸣条。先儒赵氏曰："鸣条在安邑之西。"今我县西北三十里有鸣条冈，绵亘百里，峻起窿然。冈之首有舜庙，舜陵在焉。规模宏大，制作严正，有殿有寝，有门有楼。楼之南有大方塚，砖石所集，周围四十余步，故老世世相传曰此舜陵也，《安邑县志》昭然可考。旷观庙之形胜，北枕孤峰，涑水之波涛绕于后；南对条山，醝池之盐花献于前。右缠黄河玉带，妫汭厘降之风犹存；左拱香山瑶台，历山耕稼之迹如故。内外古柏，郁郁乎如拱如揖；左右侍臣，蔼蔼乎都俞而吁咈。非古帝先圣，谁敢轻葬其上哉？信乎舜陵在安邑之鸣条，至真至确，无容复疑矣。若夫尊崇祀典，大启殿宇，不敢不望于庙堂诸君子大赞徽猷焉耳。

第十节 河东有关虞舜地名

有关虞舜时期的诸多地名，在河东大地至今依然存在。在本书第四部分，我们专门以《河东圣迹》大量辑录。在此不再

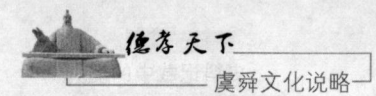

详细论述。但对于个别地名，在此简单作叙述。王雪樵在《中华之"华"源于河东》中写道：

古史辨派学创始人顾颉刚先生及其弟子刘起釪教授则认为，既然"华"为"夏"之别称，"华"就应当是在夏民族始居地河东。成书于北魏的《水经·汾水注》云："今河东皮氏县有冀亭，古之冀国所都也。杜预《释地》曰'平阳皮氏县东北有冀亭'，即此亭也。汾水又西与华水合，水出北山华谷，西南流经一故城西，俗谓之梗阳城。""皮氏"即今河津市。刘起釪先生据此考证说，原来在夏族发祥地的汾河下游，特别是夏族所建立的有名古国并为冀州所赖以得名的冀国附近，有着这样一条华水，而且还有华谷。它被夏族用以为己族之名，完全是很自然的事情。他推断说，也有可能由于夏族居于华水流域，所以其他部族的人就称他们为"华人"。比如《左传·襄公四十年》就载有姜戎子驹支称夏为"华"的说法："谓我诸戎，是四岳之裔胄也……我诸戎饮食衣服不与华同，贽币不通，言语不达。"他的结论是：由于取得的族名的华水、华谷之在汾河下游，使我们知道华夏族必起自晋南。……稷山县西北二十里处有一"化峪镇"。"化峪"即"华谷"（古代"谷"与"峪"通，如"王官峪"即写作"王官谷"），古有"华谷城"。《北齐书·斛律光传》说"武平元年，光于玉璧筑华谷、龙门二城"即此。这里距汾河不足30里，古代有一条不大的河流流入汾河，即是"华水"。

以上说明,"华夏"族名起源于河东,华夏正是尧、舜、禹部落联盟时期的产物,舜曾经说:"蛮夷滑夏。"因部落联盟境内有华水、华谷,因而尧、舜、禹联盟又称华夏部落联盟。

王雪樵在《鸣条舜迹漫考》一文中,对"鸣条"、"条山有苍陵谷"等进行考证后,对鸣条舜陵旁边的一些地名进一步考证道:

> 又,舜陵之北有"余林村"。《运城县地名录》称:"该村位于舜帝陵以北三公里处,舜帝安(号)虞,因与虞陵为邻,后演变为余林。"按,此说颇有道理,"德不孤,必有邻",以虞帝为邻亦是吉兆,以"虞邻"为村名亦可体现圣人教化作用,故不当以此说为非。然而从"余林"与舜帝庙紧相毗邻,古之舜陵面积颇大来看,"余林"亦可能是"虞林"之别写。盖古圣人之陵称作"林",如作为曲阜"三孔"之一的"孔林",实即"孔陵",洛阳之"关林"亦为"关陵"之别称。古"余林村"或者原本就是"虞林村",是将陵、庙、村作一体观的。
>
> 鸣条冈上有太方村。《安邑县志》称:"太方,古名虞城。"如前引述,《竹书纪年》"帝舜有虞氏"曰:"四十九年,帝居于鸣条。""五十年,帝陟。""鸣条有苍梧之山,帝崩,遂葬焉。"从这些记载可知舜帝晚年居于鸣条,卒于鸣条,葬于鸣条。《舜陵碑文》:"舜暮年思居旧邑,禹乃营鸣条牧宫以安之。"《伊训》亦曰:

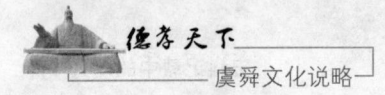

"造攻自牧宫"。故笔者以为此虞城，很可能即是舜之牧宫所在地。

再者，从"太方"之名看。上古邦国谓之"方"，夏商邦国林立，有"马方"、"虎方"、"井方"、"盂方"、"三封方"、"鬼方"、"土方"、"羌方"、"夷方"等等。称"虞城"为"太方"，乃尊虞舜所都为上国之地也。《运城县志》说："唐代村之东岭葬一清官，建有牌坊，名'太方'。明嘉靖间更为'泰方'，后演变为'太坊'。"此说容或未当。"太"古训"极大"。故皇子称"太子"，皇母称"太后"，皇父称"太上皇"，皇家宗庙称"太庙"。一官之坊，何以敢称"太坊"？换言之，"太方"者或为古"虞城"之别称也。

其三，太方村南有"杨余村"。《运城县地名录》称："据传该村原名东药工、西药工，后人叫洋芋。因此名叫之不顺，故改名杨余。"这个地名亦保留了重要的历史信息。今按，该村既近"古虞城"，"洋芋""杨余"当系"扬虞"之讹写。

命名取弘扬虞舜精神之义，与陈胜所号称"张楚"，金将娄室所号称"张金"取义略同。而且该村原有"药工"之名，而"药"当系"扬"之俗读，"工"当系"宫"之伪写。"药工"即"扬（虞）宫"，且分为东西两宫，斯更可坐实此地为"古虞城"，亦即虞舜之牧宫不误！

鸣条冈腹地有一大村镇"冯村"。村以何而名？《运城县志》谓该村"为夏商时代的古老村落。"此说法虽含糊,但也透露出一个重要信息,即表明它是由上古三代历史衍化而来的一个地名。循此思路探求,再将该村村名放在鸣条冈上舜迹林立的大背景下观照,笔者以为"冯村"很可能是"诸冯村"之省称。

综上所述,鸣条岗上之"冯村",当由"舜生于诸冯"而名;"太方村"古为"虞城",传为舜晚年休养之"牧宫";而"舜帝庙"和"余(虞)林",则以舜"卒于鸣条""葬于鸣条"而名。至此,总括舜之一生,可谓生于斯,养于斯,卒于斯,葬于斯。当然这些都是传说,而传说是历史的影子。史书记载舜建都于安邑或蒲坂,可知他事业的辉煌时代是在河东,故养于此,卒于此,葬于此还是比较可信的。

……

然鸣条冈上还有一处地名与舜迹有关需特别提出,这就是冈之北坡的"孙余村"。关于此村名来历,《运城县地名录》称:"因古时该村多数人家为孙余两姓,故名。"此说不妥。"孙"当地人读作"熏",与"循"同音。"孙余"者,"循虞"也,当与舜迹有关,犹"扬虞"之比。那么,谁来"循虞",又何以要"循虞"?联系鸣条冈上夏朝末年发生过的一场十分有名的战争来看,这里应是传说中夏桀盟邦昆吾部落所在地。鸣条属安邑,安邑为夏桀之都。《史记·夏本纪》:"商汤升自陑,克昆吾,战于鸣条,夏师败绩。"《诗·商颂》:"韦顾既伐,昆吾夏桀。"《帝王世纪》:"汤伐桀,战昆吾亭。"那么,昆吾亭在何处呢？《安邑县志》古迹记"昆吾亭"条曰："昆吾盖事桀之臣。旧《志》未注明此亭所在地。但安邑里甲有昆吾前、昆吾后之名，则是相传已久。"余以为此"昆吾亭"即今之"孙余村"，一则与《帝王世纪》所载"安邑县西有鸣条冈、昆吾亭"方位同，二则其名"循虞"亦寓服化新政改恶向善之义。盖昆吾古为一小部落，以助桀拒汤，而为汤师所灭。据《尚书·序》载，汤师翻越陑山即中条山克昆吾，而后战鸣条。可知昆吾确在安邑境内，距鸣条不远。后人以舜陵葬于鸣条，故改名为"循虞"，谓冀其循贤而向善，勿再助桀而为虐。这同"蚩尤城"后改名为"服善村""从善村"道理相同。

虞舜时期留下的地名还有很多，比如，距鸣条舜帝陵十几里的地方，有一个村子是姚孟村。传说尧访舜时，住在这个村里，夜里梦见舜在妫汭一带耕田，村子就叫尧梦村。后来，村人嫌尧梦太直接，不含蓄。就改为姚孟村。姚是虞舜，孟是亚圣孟子。而舜出生的诸冯、所迁的负夏、历山、舜王坪、雷泽、陶城、蒲坂等，形成一组庞大的虞舜遗迹群落。

第十一节　尧舜遗风植根河东

河东自古有尧舜遗风，民风淳朴。清代康熙年间纂修的《平阳府志》卷二十九·风俗曰：

古者辎轩之徒，采列国之风谣，以贡于天子。盖民俗之美恶，政治之得失，系之矣。唐俭，魏思咏于诗，杂见于纪传。迁史谓尧舜之地，风教固殊，非无徵也。守土以来，于今四载，行部者数矣。所至辄察其车服器用，以观其好尚，何乃今异于古所云也，岂事变使然。或亦所以率之者，非与夫矫末俗而返之淳类，非一切禁令之所能为。《书》曰："尔维风，下民维草。"孔子曰："道之以德，齐之以礼，有耻且格。"噫！此可识治本已，作风俗志。

季札观乐为之歌，唐曰："思深哉！其有陶唐氏之遗民乎！不然，何忧之远也。非令德之后，谁能若是为之歌。"魏曰："美哉！沨沨乎大而婉，险而易行，以德辅此，则明王也。"（《左传》）太史公曰："参为晋星，其民有先王遗教，君子深思，小人俭陋。"又曰："水深土厚，性多刚直，好气任侠，当全晋之时，故已知其剽悍矣。"（《史记》）"人物殷阜，不甚技巧，其于三圣遗风，尚未澌灭。"（《隋志》）"唐风土瘠民贫，勤俭质朴，忧深思。远有尧之遗风焉，魏风其地狭隘，民俗俭啬，盖有圣贤之遗风焉，诗传河东地少沃多瘠是以伤于俭啬。其俗刚强，亦风气使然。"（《隋书》）平阳，尧之所理也，有茅茨采橼土型之度，故其人至于今俭啬，有温恭克让之德，故其人至于今善让，有师锡佥曰：畴咨之道，故其人至于今好谋而深有百兽率舞，凤凰来仪，于变时雍之美，故其人至于今和而不怒。有昌言敬戒之训，故其人至于今忧思而畏祸，有无为、不言、垂衣裳之化，故其人至于今恬以愉,此尧之遗风也。吴子曰:"美矣,善哉!其蔑有加矣。夫俭则人用足而不淫,让则遵分而进善;其道不关,谋则通于远而周于事;和则人之质;戒则义之实;恬以愉则安而久于其道也,至乎哉!"(《晋问》)"太行山之高,处平阳晋州、蒲坂山之尽头,尧舜所以都其地,硗瘠人民朴陋俭啬,惟尧、舜能都之。后世太侈,不能都也。"(《朱子论》)"崇礼让,多勇敢。"(《图书编》)"虞夏迹之所经行,夷、齐清风之所渐染,宜乎有薰,而善者陶而化者。"(《河中志》)"衣服鲜丽,容止闲雅,良由仕宦之乡,陶染成俗。"(隋文帝幸蒲州)"民淳而事简,有虞氏之遗风存焉。"(《赵孟頫序》)"境接古虞、芮之国,习俗崇礼让之风。"(《解梁志》)"两八之余人性刚悍然勤稼穑,好蓄积。"(《一统志绛州》)"岳阳所在其民勤且俭犹有遗风焉。"(《一统志霍州》)"民性质直,劲勇能守,而鲜乱。年多庞眉之老。"(《郡志隰州》)"吉隰之地多山,其人性质朴信实。"(《一统志》)"男务耕农,不事商贾,妇事蚕而不能纺织,婚姻死葬,邻保相助。"(旧志吉州)"人好力田喜雨苦旱。"(《平阳志》)"居不近市,女不向衢,士民有分,男女无杂,勇于纳赋,取于游食。"(旧志)"解俗,奉上急公,竭力完正,供独先士,夫敬谨而廉节,耻投刺干谒,曾无挠长吏权者,称淳厚易诒。"(《解州志》)(旧志)"人民性质而朴素,财用节俭而不侈,文武解尚,商贾不通。"(《山西通志·岳阳》)"晋魏以来,文学盛兴,闾里之间,习于程法。"

(《文献通考》）"民勤生业，尚义好俭。"（府志绛县）"猗土瘠，民贫不商不贾，秀者为士，朴者为农，士虽嗜学不废耕耘，农急正供难赡妇子，赖天时以食地力，瞿瞿蹴蹴，终止岁靡宁，即欲不俭，孰与为奢乎。特患无暇治礼，何患不中礼乎。"（王似鹤《猗氏志》）"河津水深土厚，俗尚勤朴，事农亩，无贸易，因贫就简，尚有朴风，士大夫才学气节，俱以王、薛为宗，境鲜游惰之民，邑多贞节之妇。闺门严肃，翁妇避嫌。男不纳赘，女不招婿。不闲游宅肆不相通，男女不贸易，此其尚者，但书沿尚鬼未改殷俗。婚姻论财，弗恤怨旷。政者之所当亟挽也。（《河津志》）"安邑质直无谲险，百姓淳朴，畏公尽力南亩，四乡妇女，织纴亦勤，惟是邑濒醎海而阛阓之，夫率趋于利。"（《安邑志》）"淳朴而俭，力稼穑，知读书，故房希文学记曰：'民皆向善而服勤，守俭而知义，有大禹之遗风'。"（《夏县志》）"俗尚节俭，不事商贾，男耕女织，各执其功，重婚丧，惜廉耻，以官法不及为荣，以家事不治为辱，比闾亲睦，有无相须，交际往来，一秉古礼。"（《浮山志》）"垣民醇厚，男勤耕，女勤织，大都垣为虞舜、商汤渐磨旧地，其崇节俭，敦孝友，厚葬祭，敬神明，急贡赋，恶淫风，畏刑辟，不谙商贾，不事华靡，耕读、渔樵、治生、衣服、器皿皆朴。其乡之长老，尤多厚重，谨饬仕进，亦砥砺名节，妇人则修女事，慎内闲洵，有古之遗风焉。"（《垣曲志》）"闻喜俗，多结义士，夫不以宦势骄人，男耕女织，质朴之风犹然近古。"

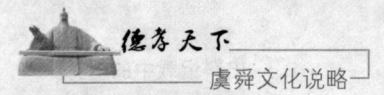

(《闻喜志》)"翼水土深厚，故其俗朴质，地多刚壤，故其民武悍。有先王克俭之遗风，故其习纤啬然，纤啬在嗜利，嗜利必机巧生，机巧生必厚藏，厚藏不与骄奢期，而骄奢至矣。任侠故多慷慨，有奇节特操之士，亦必有武断力，竞之徒大抵也。"(《翼城志》)

河东自古秉承尧、舜、禹三圣遗风，民俗醇厚，正直质朴，勇敢彪悍，慷慨刚强，勤劳节俭，孝友温明，任侠尚义，蓄积不奢，崇礼让，勤稼穑，男耕女织，不事商贾，不事华靡，急贡赋，恶淫风，"耕读、渔樵、治生、衣服、器皿皆朴"。河东民俗民风，一是继承了虞舜"纳于大麓"的勇气和毅力；二是继承了虞舜仁善孝友的精神；三是继承了虞舜勤恳敬业的精神；四是继承了虞舜廉洁节俭的品德。

第十二节　坡头遗址当为有虞氏部落墓地

山西省芮城县坡头遗址（即清凉寺墓地）经考古发掘后，出土了一批玉器、石器和陶器，被评选为 2004 年度全国十大考古新发现。坡头遗址位于山西省芮城县陌南镇西北 5 公里的中条山南麓，因位于坡头村附近而得名，又因墓地的位置距一座古寺——清凉寺不远，所以人们也习惯上称清凉寺墓地。遗址延续了仰韶文化、庙底沟二期文化、龙山文化、两周文化等各个历史时期的遗存。文物的发现则始于 20 世纪七十年代。2003 年，经国家文物局批准，山西省考古研究所派出一个小分队，进驻坡头遗址，展开小规模试掘。这次的小规模试掘令人兴奋，共发掘清理出30座墓葬，收集到近20件玉器。接着，考古队在这块大约5000平方米左右的墓地上发掘了1500平方米262座墓葬，便有了惊人的发现。只见墓葬排列有序，南北成行，东西成列，均为长方形土坑竖穴，全部开口在表土层或垫土层下，有大、小两种类型，两种墓型年代有别。小型墓葬一般长约2米，宽仅0.5~0.8米，深约半米左右，个别墓葬揭去耕土即现人骨；大型墓葬宽约1.3~1.8米，长约2.3~2.6米，深约1米多，部分墓葬深达2米。墓主人均为成人，大型墓中有一半以上有小孩殉葬，显得地位高贵，墓内骨骼受破坏的达90%，表明下葬不久即被盗扰。1/3有随葬品，多为玉石器，最多的是玉璧、玉环、石刀、玉石钺，其他器物有玉琮、石斧、小玉饰等，多为古代礼器范畴的遗存。此外，还有骨簪、鳄鱼骨板、兽牙、蚌饰和猪下颌骨等。这批玉器主要是软玉，还有部分大理岩、蛇纹岩。钻孔基本都采用管钻，切片时都采用锯切。玉质种类比较多，大理岩应是本地取材，古书就有历山多出玉的记载。《括地志》："蒲州河东县雷首山，一名中条山，亦名历山。"《山海经·中山经》："中次五经薄山之苟……曰条谷之山……又东十里，曰历山，其木多槐，其阳多玉。"坡头遗址正位于历山之阳。坡头出土了许多随葬玉器，说明当时当地部落里的许多贵族埋葬在这里，玉器有的置于腹部，有的几件叠置在一起，有的套于手腕。这种情形与陶寺遗址墓葬中发掘的玉器出土情形比较类似。有的墓穴中发现了蚌饰、鳄鱼骨等随葬品。古河东为内陆盆地，生活在这里的人为何会佩戴来自海洋的饰物？这并不奇怪，因为远古时期中条山一带还是一片汪洋大海，也许上古时蚌类和鳄鱼在这一带还存活，这就是为何在中条山发现海洋生物化石的缘故。在一座墓穴里，考古学家们发现一具跪着且双手绑于身后的殉葬尸骨，殉葬者最多的一个墓穴有4具殉葬骨骸，这些意味着当时原始社会部落与部落之间的斗争非常残酷，那些被殉葬的人们应该是抓到的其他部落的俘虏。关于坡头遗址墓葬的时代，考古队的专家们推测，此处应为"庙底沟二期文化墓地，距今约4300年至4500年左右"。根据以上文献和专家的论述，黄帝所处的时代距今大约4600年，尧和舜所处的年代距今大约4300年至4200年间。传说舜的先祖虞幕是黄帝的后裔，4500年到4300年正是从虞幕到舜的有虞氏部落的时代。因此，从时代上来说，坡头遗址的墓葬群与有虞氏部落相合，是虞幕至舜时期的有虞氏部落的墓葬之地。说明尧、舜、禹时期的社会依然十分落后，而殉葬的做法，则表明当时的社会并不是人们所想象的那样文明。这样，我们可以得出一个事实，你一旦离开你的部落，就会被别的部落的人们杀害，也因此证明舜是不可能从山西运城市到几千里远的今湖南九嶷山的。根据古代文献记载，舜的先祖幕在虞城（今山西平陆县）开创了有虞氏部落的基业。说明有虞氏部落最初的居地在今山西平陆吴山上的虞城。后来部落人口越来越多，便向东北西三方扩展，到舜的父辈已搬到蒲坂的北边，舜便出生在蒲坂的诸冯里之姚墟（今山西省永济市张营乡舜帝村）。传说舜耕历山，而中条山古称历山。舜耕处又称历观。《山西历史地名录》："历观在蒲州东南六十里,即历山,今称东、西历山,属芮城县。汉成帝'幸河汾,登历观';扬雄赋'登历观而遥望兮,嘉虞氏之所耕。'均此。《水经注》:'历山谓之历观,舜所耕处也。'"就是说舜所耕的历观在中条山南麓的芮城县,蒲州东南六十里,当在今芮城县杜庄乡北边一带,而芮城县原村乡有东历山。即谓之东、西历山,东、西历山应该分别是个较大的范畴,而坡头遗址距原村乡20多公里。因此,坡头遗址也应该在东历山的范围内。《括地志》曰:"故虞城在陕州河北县东北五十里虞山之上。"河北县即今芮城县,坡头遗址在芮城县东二十余里处。就是说虞幕的有虞氏部落最初所在的虞城在坡头遗址东北二十余里处。二十里必然在有虞氏部落的势力范围之内。黄帝到尧、舜、禹的时代都属于原始社会,人们以血缘关系的部落作为社会组织形态,每一个部落都相对稳定地居住在一个固定的地方。因此,从地域上来说,坡头遗址所埋葬的应该是有虞氏部落的人们。那么有虞氏部落为什么将墓地选择在虞城的西南方?伏羲创八卦,西南为坤,坤为老母、大地、田野、柔顺、腹、仓库、安稳、厚重等。人生于母腹,死后也应该回归母腹,回归大地,所以,墓地选择于西南方是古人的最佳选择。而墓地的西北方则是虞舜都城蒲坂,古人所谓的西北方为戌方,戌为京都、为父、为阳刚、领袖等。这在地理选择上也绝非偶然。而根据有虞氏虞舜时期的墓地发掘情况来看,起码可以证实,虞舜时期的社会依然十分落后;如此简单、单薄的殉葬品,说明虞舜时期的社会财富依然并不富裕,人们生活在贫寒之中,哪儿能称得上温饱呢?

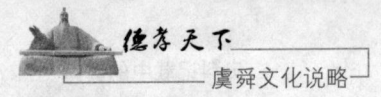

第十三节　东下冯遗址应是夏代羁押舜后裔的遗存

　　山西省夏县东下冯遗址，经过考古发掘，发现了大量的陶器、石器、骨器和蚌器。在生产工具和武器方面，各期均以农业工具及手工业工具占多数。其次为狩猎工具和武器。农业工具中以刀、铲为主，斧、镰次之，其他工具很少。刀、铲石制的占绝大多数，蚌制的很少。斧均石制，镰有石制和蚌制两种，前者常见，后者较少。手工业工具最常见的是骨锥，其次是骨针和陶纺轮，余均少见。狩猎工具和武器基本上都是箭镞，其中骨镞占绝大多数，石镞较少，铜镞和蚌镞都只有 10 余件。装饰品方面，数量最多的是骨簪，其次是各式各样的蚌饰和绿松石饰，石环仅 7 件，陶环仅发现 1 件残段。骨簪绝大部分是顶平端尖的长条形，三齿形的和圆长条形带簪帽的极少。其他遗物方面，以卜骨最多。卜骨的用料都是动物的肩胛骨。第 I、II 期卜骨用料，只有猪的一种；第 III 期主要是猪，牛和羊的甚少；第 IV 期除猪、牛、羊的之外，还有少数鹿的；第 V 期限于猪、牛、羊；第 VI 期只见猪、牛两种。总的趋势是：数量由少变多，用料种类从第 III 期以后猪的越来越少，牛的越来越多。全部卜骨皆无凿。其他器物方面，最重要的是 1 件打制石磬，长 68 厘米、宽 37 厘米，极为罕见。动物遗骸，各期变化不大。种类有猪、羊、牛、狗、鹿、獐、野猪、马鹿、厚壳蚌壳、文蛤壳、魁蛤壳和黄颡鱼脊刺。猪、牛、羊、

100

狗属于家畜，余皆渔、猎和交换所获。在陶制生活用具方面，有褐陶和灰陶，为数不多的褐胎黑皮陶，还有少量的红陶。主要纹饰有绳纹、弦纹、附加堆纹、方格纹和蓝纹。其中，绳纹数量较多，弦纹、附加堆纹次之，其他均较少见。有关炊具的情况，以单耳罐、双耳罐、双錾罐、深腹罐等夹砂罐类器为主。房屋有窑洞式、半地穴式和地面建筑三种。窑洞式房子，居室长3.3、宽2.8米；半地穴式房子，不甚规则的圆角长方形竖穴，长7米、宽3.5～4.3米、残高0.85～1.9米；地面建筑房子，长方形，长2.8、宽2米。关于东下冯遗址的年代，专家在考古发掘报告中写道："东下冯类型的碳十四数据不多，而且其中有的年代早晚颠倒，有的年代过高、过低误差甚大，很难做出准确的结论。所以我们参照二里头类型的年代，粗略估计东下冯类型的相对年代大致为公元前19世纪至公元前16世纪。"

东下冯遗址虽然是夏代遗存，但与有虞氏部落有一定的关系。按专家考古发掘确定，东下冯遗址最早为公元前1900年，而夏部族从禹传给夏启，据有关史料记载，为公元前2070年。夏启元年至东下冯遗存开始相差170年，就是说夏启开国后170年，东下冯才有人类聚居。从东下冯的名字看，当与舜有密切关系，因为舜姓冯，东下冯即东边下代冯姓人家居住的地方。东下冯遗址距夏都安邑城仅10余里，夏姓姒。在夏部落内没有姓冯姓的，而冯姓则是有虞氏舜的后裔。安邑从夏启直到夏桀，一直是夏的都城。后来在隋唐时期，为纪念夏禹，才将安邑改为夏县。为什么在夏都安邑附近突然冒出一个有虞氏部落的冯姓聚落？我们知道，原始社会部落与部落之间、部落内部的斗争很激烈，而夏禹在把部落联盟领导权交给益的时候，已经引起夏禹的儿子启的反对，禹死后，启杀益，取得部落联盟的领导权。也从而确立父系制的统治地位。而夏启的地位并不巩固，有扈氏就带头起来反对，夏启率兵打败了有扈氏。然而，反对的势力一直没有停止活动，尤其是有虞氏部落，本来舜将部落联盟领导权交给禹，有虞氏部落内部未必没有人反对，只不过左右不了局势罢了。到了夏启以后的170年后，有虞氏部落内部反对力量认为时机来临，蠢蠢欲动，而夏统治者发现了这一异象，立即采取行动，将有虞氏部落一些妄想反叛的首要分子全部集中起来，押解到夏的都城安邑附近，划给一块地方，让他们在东下冯这块地方生活，夏统治者则采取就近监视的做法，把带头的人物统一监视，消除了隐患。而被夏统治者迁到安邑附近的东下冯的首要分子，因为有士兵监视，无法反叛。只好在安邑一带生存下去，但却不满夏的统治，再加上思念西边蒲坂一带的有虞氏冯姓同族，就将新的聚落名称称为东下冯，意思是逼迫迁到东边的冯姓人家的聚落，一直流传到现在。而东下冯遗址仅仅存在300多年，也许是后来反叛，被夏王朝的军队消灭，也许是迁到附近的地方去了。而舜的后裔依然怀念舜，不改自己"东下冯"的名称。

  通过考古发掘，能给当时的社会提供翔实的可靠的证据。从以上夏代的文化遗址考古发掘来看，直到夏代，社会依然十分落后。我们可以得出以下几点：

  1.从尧、舜、禹时代直到夏代，属于原始社会的氏族部落社会，即新石器时期。人们主要从事农业生产，兼营狩猎。使用的工具大部分为石器、骨器和蚌器，狩猎主要依靠弓箭，箭镞绝大多数是骨镞，陶器的花纹也较为简单。居住的条件也非常简陋，都是原始社会的低矮的茅草屋，有地穴式的、半地穴式的和地上的，房屋小而简陋。说明当时的经济十分落后，财富并不富裕。这样的社会状况，绝对支撑不起大一统战争的后勤保障，根本没有那个能力。

2. 从遗址考古发掘来看，没有发现军队作战的兵器，说明在原始社会没有爆发较大规模的战争，人们使用弓箭，主要是从事狩猎，而不是作战。这也透露了该聚落的人们没有参加战争的权利和义务的信息。

3. 东下冯遗址最早在夏代立国170年，那时人们仍然居住在十分简陋的房屋里，说明社会比较落后。那么，200年前的比东下冯还要落后的尧、舜、禹时代，社会状况可想而知。也就不难推测，尧、舜、禹部落联盟的地域仅仅在今晋南境内。

民间传说里的虞舜

民间封神榜的志义

第六章　青少年贤名远扬

舜幼年丧母，命运多舛，后娘溺爱舜弟象，经常虐待打骂舜，但舜却毫不计较，对父母非常孝敬，对弟弟象和妹妹敤首非常友爱。

舜青年时期，在历山耕田时，经常将自己的好地让给别人；在雷泽捕鱼期间，经常将自己的好渔场让给别人；在河滨制作陶器的时候，认真制陶，扭转了河滨陶器苦窳的歪风。舜礼让而贤名远扬。

第一节　诸冯砍柴遇大虹

大约4400多年前，在历山中段的虞城（今山西省平陆县），居住着一个部落。那时，人们习惯以地名为姓，以地名作为部落名称。部落里有个人叫虞幕，是黄帝的后裔。他善辨和风，知雨雪，指导大家种的庄稼十分茂盛，人们很尊敬他。因为他的功劳很大，被大家推举为部落首领。

虞城附近有大片的森林，野果累累，飞禽走兽很多。有一种野兽叫驺虞，长得似虎非虎，浑身毛发雪白，杂以黑纹，毛茸茸的尾巴比身子还长，高高翘起，威风凛凛，它奔跑如飞，性情温顺，从不吃活的动物。虞幕部落的人们认为这是"仁

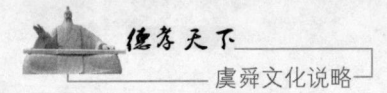

兽"，十分喜爱，就把它的样子画在旗帜上、衣服上，并学它奔跑，学它叫啸，以它作为部落图腾，部落的名称就被大家称作有虞氏。

年复一年，部落的人口不断增多，人们不断向四周搬迁，虞幕的后人也迁徙到西北方的蒲坂（今山西省永济市）。蒲坂河洼水泊多，野地里长满了芦苇蒲草。蒲坂东依黄土高坡，西临黄河，南屏中条山，北靠滩涂碧野，土地肥沃，风光秀丽。特别是中条山上，有妫、汭二泉从山中汨汨淌流而下，汇入黄河，那水清澈甘甜。虞幕的后人便有以"妫水"的妫为姓者。

幕的后裔家道不断衰落，到了瞽瞍这一代，早已不再是部落首领。不过瞽瞍除了脾气急躁，不善分辨好人和坏人外，倒也有聪明之处，懂乐道，会弹琴，还善观天象，村人常求他预测天气，以不违农时。因为他经常眼睛瞪得鼓鼓的，仰头观天，大伙都叫他瞽瞍。瞽瞍把家安在蒲坂北30里地的诸冯里姚墟聚，因居姚墟，瞽瞍便以姚为姓。妻子握登善良勤劳，夫妻俩辛勤劳作，日子倒也安宁和美。

夏季的一天，握登到山丘上砍柴，忽然看见天空出现一道美丽的大虹，赤橙黄绿青蓝紫，耀眼的光芒，令人目眩神迷，握登十分惊奇，不觉看呆了，喃喃赞叹："啊，太美了！真是太美了！！"霎时只觉得那虹的光芒向她扑面飞舞而来，感到浑身如沐春风，异常温暖舒适。直到大虹隐去，握登才背柴回家。不久，便怀孕了。

第二节　握登喜生双瞳子

时值夏末，天气晴朗，瞽叟穿过桃枝掩映的小道，走进自家田地。桃园里的桃儿累累，缀满枝头。田间谷穗硕壮，秸秆弯垂。瞽叟站在田间，观看着丰收在望的庄稼，喜欢得合不拢嘴。年景好是一喜，更喜妻子怀孕，双喜临门啊！他寻思，人们说甜男酸女，握登孕后，总喜甜食，八成是怀了个小子……瞽叟觉得生活美满，世间的一切都非常美好。

夜里，瞽叟睡得格外香甜，梦里还在笑。梦中，那天空湛蓝，阳光灿烂，空气清醇。忽然，天空出现一个小黑点，渐渐硕大，一只凤凰自天而降，落在眼前，羽毛五彩斑斓，美丽威风。凤凰看着瞽叟，居然张嘴说："我是鸡，将来要到你家来。"

世间最美丽的鸟儿竟会说话，瞽叟又惊又喜，却奇怪凤凰咋自称鸡，也不知来干啥？

凤凰看看惊讶的瞽叟，接着说："我来给你做儿子。"说完，伸展双翅，拥抱瞽叟，翅翼轻轻拍着，瞽叟只觉得身上格外舒服。凤凰收翅后说："父亲，请张开嘴巴。"瞽叟顺从地张开嘴，凤凰就将嘴里衔的米粒，一粒一粒地喂瞽叟吃，那米粒奇大，雪白清亮。瞽叟慢慢嚼着，细细品味，津津润润，香甜爽口，那甘美的味儿竟沁肚腹深处。约一顿饭的时刻，凤凰将头点了几点，振翅飞走了。

次日清晨，瞽叟醒来，梦中情景历历在目，嘴里米香依然

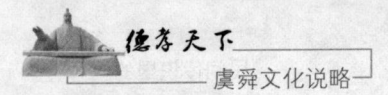

还在。他将梦告诉妻子,握登高兴地说:"凤凰做儿子,咱们要生贵子啦!喂你米吃,你老年有靠啊!"

光阴如箭,转眼到了第二年二月初二,握登果真生了个男孩。孩儿的脑球突出,眉骨高隆,头大而圆,面庞黑而略方,天庭饱满,额头两侧高突,宛若两个龙角,嘴巴大大的,面容酷似龙相,更奇的是一双明亮的大眼睛里都长着两个瞳仁,小手心里的纹路,似刻印着一个"褒"字。

孩儿形象奇特,极招人爱,出生前又有异兆奇梦,瞽瞍夫妻珍爱极了。当时,姚墟周边地里生长着一种花,十分美丽,叫木槿,人们又称舜。于是夫妇为孩子起名舜,号华,因他是双瞳子,生在姚墟,故又名姚重华。这一年是尧做部落首领的第四十年。

第三节 避洪水迁徙负夏

却说这一年,孟门山(在今山西省吉县)暴发水灾,水初发时并不大,只是在孟门山北边四处溢淌。

尧时有四凶,朝中三凶臣是驩兜、共工和鲧,另一凶三苗是部落首领。那共工是少皞氏的儿子,名字叫孔壬,他不诚不义,不忠不仁,用心邪恶,专门陷害有德的人,人们厌恶他,称他为"穷奇"。穷奇是一种恶兽,形状似虎,长着肉翅,会飞行,知人言,专门吃忠信诚实的人,杀死野兽送给恶人们。

尧见水势越来越大,十分着急,便带着众臣登上孟门山视察,并征询众臣治水意见。孔壬当时任共工,是专门管水的官员，尧便将孔壬传来，命他治理洪水。

  此时孟门山洪水初起，治理并不难。谁知那共工本性难移，他去了孟门山后，不认真治水，却与驩兜和三苗两位恶人相互勾结，狼狈为奸，为非作歹，想方设法坑害忠臣。结果治水多年，不但没有治好，洪水反而越来越大。舜出生后不久，洪水漫溢过孟门山，淹没了山南面的大片平川，淹没无数的村庄。汹涌的洪水里，房脊时隐时现，大树如同柔发摇曳，动物的尸体打着旋儿顺流而下，丘陵成了孤岛，岛上挤满惊恐的人群，哭叫不停，人们在肆虐的洪水面前显得那样弱小无力！

  诸冯村距孟门山两百余里，洪水渐渐逼近，村人商量后，决定向东迁徙，以避洪水。瞽瞍挑着衣物，握登抱着舜，耕牛驮着粮食和农具，和村人们一道晓行夜宿，餐风饮露，数日后，来到距诸冯村有300里远的中条山腹地、一处名叫负夏的地方安顿下来。

  负夏在今山西省垣曲县境内。负夏四面都是山，东北数十里处，是中条山主峰历山，海拔2321米，山上森林覆盖，沇西河从负夏西边流过，河水清澈。附近土地宽广，地势高阜，山清水秀。

  瞽瞍和村民们砍树建屋，开荒种地，开始创建新的家园。

第四节　姚婆虐子恶名传

  河东民间至今流传有"姚婆"的称谓，指虐待前夫儿子的后娘。殊不知这称谓是从舜后娘那儿流传四千年而传至今天

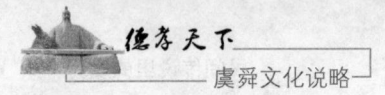

的,这也说明舜确确实实是居于河东的一大有力佐证。

却说天有不测风云。握登生舜后,身体虚弱,又因搬迁途中风寒侵袭,病症日重,虽然请医施治,捱过两年,还是不治而亡。

瞽瞍青年丧妻,带着幼小的舜,天天去地里劳动,回到家里,还要做饭缝衣,日子极为艰难。

邻居们十分同情瞽瞍,张罗着为他再续姻缘。正巧邻村有位年近二十的姑娘,脾气暴躁,古怪任性,与女伴们都合不来,爹娘的话也不爱听,人们便不叫她的名字,叫她壬(任)女,意思是任性的女孩儿。这样叫的日子久了,人们却忘记了她的真实姓名,壬女倒成了她的姓名,她却也不在乎这些。壬女因为任性,人们不敢娶她,过了待嫁的年龄,还未成亲。邻居便为他们牵线。瞽瞍生活艰难,也顾不了许多,就将壬女娶了过来。

壬女对丈夫倒还不错,对舜却毫不爱怜。尤其是在她生了儿子象之后,对象千般溺爱,对舜却横挑鼻子竖挑眼,动辄无端呵责。瞽瞍因家里贫困,对壬女的做法也睁一只眼闭一只眼。

可怜的舜,经常吃不饱,穿不暖。他十分想念自己的亲娘,常常哀哭流泪,却招来后娘更凶狠的责骂。舜只好躲到没人的地方,放声痛哭。他年纪虽小,却也知道家中日子艰难,在父母面前,还以笑脸相对,并尽力做好自己的事情。而象仗着有人袒护,越来越骄横无礼。

壬女这样虐待舜,邻居们十分看不过眼,大家背地里经常议论她，耻笑她，称她"姚婆"——姚家的恶婆娘。久而久之，"姚婆"就成了那些虐待丈夫前妻子女的女人的专用称呼。

人有旦夕祸福。没想到过了几年，瞽瞍得了眼病，医治无效，双目失明。

瞽瞍突然什么也看不见，什么也干不成，脾气骤然变得格外暴躁。而这时，后娘发现人们都厌恶象，喜欢舜，越加妒火中烧，对舜产生了更严重的敌意。她知道瞽瞍什么也看不见，便常常在他面前拨弄是非，说舜这也不好，那也不对，捏造舜对她和象的无礼之事，挑动瞽瞍发怒，丛恿瞽瞍殴打舜。而瞽瞍却也是非不清，黑白不辨，听信后妻所言，对舜经常拳脚相加，有时也不管身边是什么东西，操起来就向舜用力打去。舜看到身体衰弱、双目失明的父亲，十分心疼。总是"大杖避、小杖受"，遇到受不了的打便逃去，若能忍受得住，舜便站立不动，任父亲抽打，直到父亲打累了，骂乏了，才含泪离去，依然拾柴、放羊、做事情。就在这样的家庭里，舜渐渐长大了。

第五节　兄弟种麻显真情

时光荏苒，舜逐渐长成了十六七岁的少年，还种得一手好庄稼。象也有十二三岁，虽然傲慢无礼，壬女却怎么看怎么顺眼。为了让象独自得到家中产业，壬女便想着法儿要将舜赶出家门。在垣曲县，至今还流传着舜兄弟种麻的传奇故事。

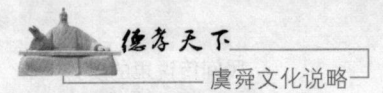

据传说,有一年,时值春播季节,壬女给舜和象每人一袋麻籽,说道:"你们俩一个去东坪,一个去西坪种麻,谁种的麻出了苗,谁就可以回家了。"

兄弟二人各自带着麻籽和农具结伴上路,走出几里路,两人累了,坐在路边树下休息,都觉得肚子有些饿了,就各自拿出麻籽来吃。象吃着麻籽,眉头紧拧,他的麻籽是生的,格外难吃。他见舜吃得格外香甜,便要尝哥哥的麻籽。原来壬女为了不让舜种下的麻籽出苗,暗地里将带给舜的麻籽偷偷地炒熟了,所以吃起来香脆可口。象尝了之后,认为舜的麻籽比自己的好,一定要交换。舜起初不答应交换,但拗不过象的不断要求。舜也总是让弟弟,就答应了象的要求。

兄弟两来到山坡下,就分了手,舜上了东坪,垦出一块荒地,挖去荆棘野草,捡出石子,松土下种。干完活后,砍树搭建窝棚,守护着田地,又从附近采摘野菜充饥。

象来到西坪,在自家的熟地种了麻,住在自家原先就搭好的窝棚里。

天凑人意,种好麻的第二天就降了场雨,过了三四天,舜种的麻就出了芽,幼小的麻苗儿一行行绿盈盈地长满了新垦的田地。于是,舜轻轻松松地回到家里,象种的麻籽却怎么也长不出来,只好留在山中。

后娘见回来的不是象,而是舜,大吃一惊,疑问道:"难道你种的麻长出了苗?"

舜点点头,肯定地说:"是!"

后娘本想用此法将舜赶出家门,结果适得其反,只能又气又悔，暗中哭泣，自语："千条计，万条计，害不了人家害自己。"竟急出病来。舜急忙熬煮汤药，端给后娘。之后，他又跑到山中，找到已经饿晕的象，将他背回家中。

第六节　耕历山尊为都君

后娘看舜越来越不顺眼，不断挑动瞽瞍发怒，将舜赶出家门。

负夏村北靠历山。舜漫无目的地向山边走去。他觉得日光暗淡，愁云万里。家虽然不怎么温暖，但毕竟是自己的家啊，想到自己在这个家长大，想到双目失明可怜的老父，想到活泼可爱的小妹，他不由泪流满面，呜咽抽泣。他踉踉跄跄，昂首呼唤苍天，我远离父母，何处是归宿？

舜边哭边走，不觉来到山脚下，眼前一亮：开阔的坡地上，绿草如茵，天空湛蓝如洗，小河流水哗哗，小鸟在树枝上蹦跳着、鸣叫着。大自然这样美好！舜的心情顿时开朗起来。

舜决定就在这儿种地。他选择一块平整地方，割去杂草，夯实地基，砍伐树木，搭建茅屋，又在茅屋旁盖了鸡舍羊圈，准备饲养禽畜。

舜垦荒种地，每天都在田地里侍弄庄稼。间苗松土，除草浇水，庄稼长势极好。附近的人家都跑来观看，赞不绝口，一再向舜打听种好庄稼的诀窍。舜总是不厌其烦地对人解说，从选种、整地、播种、间苗、施肥、浇水、管理等各个环节详细介绍要领。人们见舜既谦虚又耐心，都打心眼里喜欢这个少年，许多人便搬来与他为邻，学舜耕种管理庄稼。舜远离父母，心里很孤单，如今有邻做伴，十分高兴。他热情地帮助别人搭建房屋，教别人种田本领。一传十，十传百，远近的人都慕名而来，都拜舜为师，举舜为首，大家有事都愿和他商量。舜也总能给人们出些好主意，谁有了困难，谁缺粮缺菜，舜都会慷慨帮助。舜成为大家最依赖的人。

舜耕处距负夏仅十里，舜在此耕稼，他思念父母心切，经常到负夏看望父母，每次都带去新鲜菜果和猎获的野味孝敬父母，也给象和敤首时常送个小礼物。

种田的人多了，在一起难免产生矛盾。舜看见有人为多占田埂地头而争执，有人为土地肥瘦而吵闹，就将自己种熟了的好地让给别人，自己到远一点的地方再去开垦荒地。

一些人不明白舜的这一做法，舜就解释说："做人要谦让讲信义，要想着别人，给大家留下好的印象和想念的地方。想让地肥，多花些力气就行了。"有人问道："让一次两次行，你怎能再三让？"舜笑道："咱们这儿山多地广，周围人口稀少，只要肯吃苦，就会有田耕。你占了这一块，我再去开下一块。山下的田地耕完了，我还可以到山上去开。人间情谊才是最珍贵的啊。"

大伙听后，都十分感动。在舜的影响下，争执少了，礼让多了，在当地慢慢地形成了淳朴的好风气。

在舜优秀品德的感召下，居住在他周围的人越来越多，一年成聚（村），两年成邑（城镇），三年成都（四县为都）。舜的威望越来越高，大伙很信服他，称他为都君。后来舜被尊崇为三官大帝中的地官大帝,后人为了纪念舜,就将舜住过的村子叫神后村,一直沿用到现在。

第七节 风吹竹管制古箫

瞽瞍懂乐道,会弹五弦琴。舜从小极机灵,耳濡目染,也掌握了弹琴技巧。舜在家时不能弹琴,离家后,时时演奏,琴弹得居然很好。每当农闲或夜晚无事时,舜总是弹起琴来,悠扬的琴声在夜空里回荡,令人神往。久而久之,五弦琴便成了舜与众人联系的纽带,许多年轻人常常聚集在舜的周围,听琴拉家常。

只弹五弦琴,舜总觉得有些单调,心想,前人能造出琴,自己为何不能造出新的乐器?如果两种乐器合奏,乐声必然更加美妙动听。

一天,天空阴霾密布,北风呼啸。舜照常去地里耕作,途经一片竹林,蓦见一节被人折断的竹节,悬空而中通,风吹过竹管,竟发出呜呜的哨音。舜顿受启发,折下竹节,将孔对风,顿时呜呜地响起来。舜还发现哨声因方位不同而发音不同。他想,这竹管不就能制成口吹的乐器吗?

舜砍了许多竹子,截成许多竹管,每根竹管长短不齐,都在一尺以上,二尺以内。竹管前端切开条细口,细口内塞进一片薄竹片,遮挡孔眼的大小位置不同,舜一一试吹,每根竹管都分别发出不同的悦耳的声音,将制好的十多根竹管按长短及孔眼遮盖大小排列,用绳捆扎,宽约二尺,参差状若凤凰翼

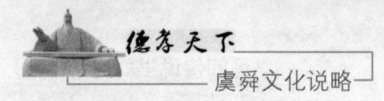

翅。

舜按十二音律，试来吹奏，反复试演，又将竹管不断增加减少，以试声音效果。最终选定了10管，由于竹管中通无底，舜起名叫"洞箫"。舜又制作了有封底的，起名叫"底箫"，将两种箫总名称"排箫"。

舜为大伙吹奏，箫声格外悦耳。时而高亢嘹亮，让人情绪振奋；时而婉转悠长，让人心旷神怡；时而悱恻凄切，让人情怀悲哀。

大伙见舜吹箫声音极佳，都争着学吹。舜又制作了许多排箫，闲暇时，众人聚在舜的身边，弹琴吹箫，生活很快乐。

箫慢慢地流传下来，后人又将箫改制成两种，一种是16管的，一种是23管的，乐调更丰富了。

第八节 象耕鸟耘历山顶

舜的贤名广为传颂，许多人慕名而来，负夏村也变成了负夏城，十分热闹。土地不够种了，舜一让再让，最后上到历山顶上去耕作。

传说舜赶着牲畜，驮着种子和农具，向历山的顶峰爬去。半路上曾将驴缰绳丢到一座山岭上，那座山岭因此被后人称作驴缰岭。舜登上皇姑嫚，停下来休息，牛卧在地上，那地方现在称作卧牛场，牛在那儿洒了泡尿，后来就流出了一股清洌的泉水。

舜赶着牲畜走过十八盘，上了南天门，到达山顶，开始了新的耕作。

历山顶上是一片五千多亩大的草坪。舜到山顶后，拴好牛驴，砍树割草，搭建房屋。他用石块砌墙，把泥巴涂在草屋顶上，又结实又温暖。

舜让地移耕，怕被人劝阻，夜里起身上山。众人几天不见舜，很焦急，四处寻找，最后找到山上，都惊呆了，只见舜正在耕地。周围有几头大象，用鼻子垦地，许多鸟儿在地里飞来飞去，啄去野草。众人十分感动，急忙搭手帮忙，很快垦耕出一大片土地。

后来人们把舜耕过的历山顶，叫作舜王坪。舜王坪上至今还有舜搭过草屋的遗迹，还有一条几里长的渠沟，其中，寸草不生，传说是舜的第一犁。坪北面南有舜王庙，不知何年代所建。如今坪上只长青草野花，不长荆棘与树木。传说舜在坪上稼穑时，坪上荆棘丛生，难以耕作，舜大手一挥，就不再长荆棘树木了。

舜王坪上，风景如画，春天百花盛开，姹紫嫣红；夏天绿草如茵，山色如黛；秋天果实累累，层林尽染；冬天白雪皑皑，银装素裹。

山上土地宽广，尽够舜耕种了。舜辛勤耕耘，点瓜种豆，庄稼长势喜人。舜发现这历山顶上种地，最大的缺陷就是天旱了无水而没法浇灌。舜就沿着山峰往上登攀，登上西边的顶峰，看见一片水池，清水澄澈。池子虽然不大，但尽够自己用了。舜就想，将池水引到坪上的低洼处，用来浇灌庄稼。舜说干就干，抡起石斧开山劈石，一天一天地开起山来。终于感动

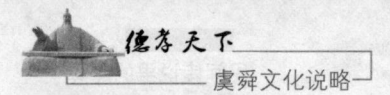

了天神,一天清早,舜刚起床,突然听见"哗哗"的流水声,沿着声音过去,却见自己开山的地方开出了一道石缝,一个人能走过去,那顶峰上的池水沿石缝"哗哗"流过来,清清的池水流进坪上的一片洼地,形成一个水池。从此,舜再也不用担心天旱缺水了,年年五谷丰登。

如今,你来到舜王坪的西花槽,抬眼看去,石缝两边悬崖峭壁,笔直耸立,如同刀削斧劈。站立其间,蓝天一线,人们称作"一线天"。

第九节　雷泽兴渔息争端

雷泽,又名雷水,是一大湖,在蒲坂南面的雷首山下。湖底有怪石深壑,冬至前,将泽水吸入石壑内,传出巨雷轰鸣般的响声。传说原来泽中有雷神,长着人的脑袋,龙的身子,那巨大的声音就是雷神的吼叫,人们十分惊恐。黄帝为安抚百姓,曾在这儿取雷神之骨,做鼓槌,敲击大鼓,以震邪恶。因为雷神的头埋葬在山上,所以,山叫作雷首山,泽叫作雷泽,又称雷水。

雷泽渔产颇丰,捕鱼者甚多,大伙因为想占好渔场,常常发生争端。舜决定去雷泽,息止人们的争端。

舜下山途经负夏时,专程看望父母,并将粮食、农具搬运回家。一进门,就看见父亲坐在墙根晒太阳,又苍老了许多。后娘正在做饭。舜放下东西,急忙见父母,刚叫了声:"爸,妈",瞽瞍就骂道:"你这东西,还知有父母",舜听出父亲想念自己的话意，正要上前说话，厨房传出砰砰啪啪的声音，便不言语了。瞽首忙道："爸，妈，哥哥带回来许多东西。"后娘这才出来安置吃饭。

才过了几日，后娘的脸色又难看了起来，她以为舜这次回来不走了，心中很不是味儿。舜瞧在眼中，心里明白，赶忙就向父母告辞，说去雷泽有事要办。瞽首将兄长送出村庄很远，方依依不舍的分别。

舜到雷泽后，每天都早早来到泽旁，一边捕鱼，一边观察，慢慢地便掌握了渔场的情况，捕的鱼也多了起来。日子久了，看到有人好久捕不到鱼，舜便主动邀他过来和自己一块捕鱼。看到有人互相争占渔场，舜便将自己的渔场让给他们，自己再到鱼少的地方去下钩，渔人们受到舜的感化，渐渐改变了作法，打斗少了，互相体谅多了，纷纷争着将好渔场让给他人。舜在渔人中树立了崇高的威望。

第十节　河滨制陶正人心

在古蒲坂城北 30 里处有一个村子，叫陶城村，因位于黄河之滨，又名河滨。尧舜时这儿就是有名的制陶工场，因规模宏大，人们渐叫陶城，后人又称陶邑。现村东有一座房子，匾额上书"河滨古迹"。房内供奉着一尊舜帝泥像，是永济市市级文物保护单位。清雍正三年（1725 年），农民耕田，挖出一尊一米多高的上古陶瓮，蒲州刺史龚延题词颂道："犁滨出土，陶器犹新，不奇不窳，想见圣人。"这就是赞扬虞舜圣帝

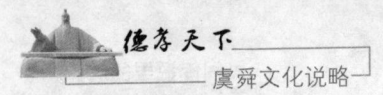

当年陶河滨的事。

相传尧时,陶城一座座陶窑,鳞次栉比,点火时浓烟遮天蔽日,蔚为壮观。这里的陶器制作牢固,质量上乘,用陶器的人越来越多,生意红红火火,但后来,陶工贪利取巧。陶器外表还与过去一样,但泥揉不到火候,烧制的时间也短了,这样做出的陶器脆,不耐用,陶工们盈了利,用陶器的人却叫苦连天。

舜来到陶城,决心扭转这种现象,他在陶城边沿选择一块场地,建造陶窑,烧制起各种陶器来。舜认真选择质好的粘土,和泥细揉,精心制胚,精心烧制,掌握好火候,陶器出窑后,舜又认真检查,不满意的陶器,宁可砸碎,也不摆出来卖。这样,舜烧制出卖的陶器,质地坚牢,色泽光亮,远远超过了其他陶工的产品,很受大家欢迎,人们都来买陶器。但质量不好的陶工生意惨淡,过不下去,都来问舜有啥窍门?舜微笑着说:"别小看这制陶,和做人一个道理,要诚实,讲信义,日久见人心,用久知陶质,好货不愁卖啊!"

众陶工心里豁然开朗,纷纷以舜为榜样,扎扎实实做人,认认真真制陶,不再偷工减料,烧制出来的陶器又坚固耐用了。

通过雷泽捕鱼和河滨制陶两件事,没过两年,舜的好名声在蒲坂一带又传扬开来。

传说是历史的影子,原始社会虽然离我们已经四千多年了,但有关虞舜的传说故事至今在运城市民间依然流传。《兄弟种麻》等故事常常听大人讲述。而"姚婆"的称谓,至今依然在运城市广大农村流传,专门指那些虐待前夫的儿子的后娘们,"姚婆"一词从舜后娘的专用称呼,成了虐待前夫儿子的后娘的泛用名词。

舜青年时期,耕历山,渔雷泽,陶河滨,以礼让获得贤名,表现了舜善良的本性,这也是后来舜担任首领后,推行善政的基础。

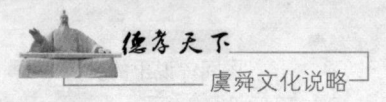
德孝天下
——虞舜文化说略

第七章　尧试贤良嫁二女

尧是陶唐氏部落的首领，陶唐部落建都平阳（今山西临汾市）尧年老依然没有选下自己的接班人，就让四岳举荐贤人，不论地位高下。四岳举荐虞舜。尧也听说过虞舜贤名，就决定将自己的两个女儿嫁给虞舜，让九个儿子和百官随从舜耕田，首先试舜治家的本领，以此来考察舜的治国才能。

第一节　求贤访耕遇奇人

天昏冥，夜深沉，但尧却毫无睡意。他辗转难眠，苦苦思考。自己自18岁代兄挚为部落首领后，眼看快70年了，这70年天下太平，国运昌隆，唯水患未平，延及全国。更令人忧心的是几十年访贤，欲禅让首领位，却未能如愿。而自己已是垂暮之年。11年前，大臣放齐竟举荐那不肖子丹朱，说什么子承父业，一气之下，自己放逐了丹朱。首领之位，乃天下大器，非遇其人，岂可轻易授之！

尧翻了个身，挪了挪压麻木的腿脚。唉！年岁不饶人了，得赶快寻求继位者，难道偌大一个部落没有一位真正的贤者来承继大统？

大司徒、大司农年事已高，四方都长中未发现有此大贤之人,只有统领四方的四岳论才能论威望还可以……但尧又暗自叹了口气,想起了两次举荐治水人,四岳和众大臣推荐共工和鲧,结果水患越治越大。那鲧自以为是,筑堤拦水,开始还有效。哪想到这两年淫雨不止,大水猛往上涨,浩浩荡荡,冲垮了堤坝,一泻千里,淹死无数人。治水九年,徒然劳民伤财,自己刚刚罢免了鲧。鲧虽然是众臣举荐,但毕竟是自己用错了人。选贤继位,选贤治水,都刻不容缓。

早朝,尧对四岳说:"啊,四岳贤臣,我年事已高,你就继任首领位吧!"四岳忙答道:"我德行鄙陋,不配任首领。"尧又坚持,但四岳坚决推辞。尧说:"那么,你们就为我再推荐合适的人选吧。既可以从大臣贵戚中选,也可以举荐微贱的人。"四岳和众臣说:"下民中有个独身的男人,叫虞舜。"尧帝说:"啊,我也听说过,此人德行如何啊?"

四岳说:"舜是瞽瞍的儿子,父亲冥顽,后母嚣张,弟弟象傲慢。而舜却能尽人子之孝并友爱弟弟,用至孝和谐顽嚣昏傲之人,使他们不至于太奸恶。"众臣纷纷说了舜耕田让畔,雷泽让居,河滨制陶之事。

尧说:"我要考察考察舜,将我的两个女儿嫁给他,观察他如何治家,通过此观察他治国的法度。"

尧闻知许由贤,曾经到许由的家乡箕山(今山西省平陆县),对许由说:"日月出来,光芒不息;好雨降落,浸润大地河泽。由于你的存在而天下大治,我却占着首领之位,我觉得我不配做首领,请你做部落首领吧!"许由说:"你治天下,天下已经大治,就不要让我代替你。鹪鹩在树林里,只占据一枝树枝,偃鼠到河边饮水,喝饱肚子就满足了。你走吧,我不想做首领。"尧又请许由做九州长,亦被拒绝。事后,许由到颍水河洗耳,巢父牵牛犊来饮水,问其故。许由说:"尧让我做首领,污了我的耳,特来洗净。"巢父责备许由说:"还是你自个不好,你若真心归隐,就该深藏起来,你却到处游荡,制造名誉,所以常能听见这种话。今你两耳已经污了,洗过的水不会干净,我这牛犊不饮你的污水。"说完,牵犊去上游饮水。

尧还让部落首领给子州支父,子州支父以有病而拒绝。尧还寻访了伊蒲子和君畴等大贤,恭敬地拜伊蒲子和君畴为师。

上古时做部落首领,其实很辛苦。所以,有的贤者不愿为国事而劳心伤神,有的则以此而制造名声,也有的贤人真的是归隐林下,超脱逍遥。

尧慕贤若渴,自四岳和众臣举荐舜后,便不顾自己高龄,带了几名随从,轻装乘车,暗中察访虞舜。

却说舜扭转了陶城粗制滥造的劣风后,见众陶工都认认真真地制作陶器,便不愿与众陶工争利,就回到雷泽南边的历山脚下种田。

时值春季,正是即将春播之时,舜肩着犁,牵着黄牛和黑牛到地里犁地。他将簸箕绑在牛的臀部,牛偷懒不走时,舜就用鞭子抽打簸箕。黄牛以为黑牛挨了打,怕打到自己,就飞快向前拉犁。同样黑牛以为黄牛挨了打,也不敢偷懒了。不知何时,田边停了两辆车,一位老者与几位从人在田边观看舜犁地,老者正是尧。尧抚着胡须,不住点头,心里叹息赞美:"舜连牲畜也如此爱惜,其善行可想而知啊!"

第二节　娥皇女英闹大小

尧决定把自己的两个女儿娥皇、女英嫁给舜后。为给两个女儿安排好婚后美好的生活，就派去工匠，用了整整大半年的时间，在舜耕地的妫、汭二水之滨，为舜和自己的女儿以及舜父母分别建造宅院，并决定让自己的九个儿子和众臣去侍奉舜。一切安排妥当后，尧便定在第二年为舜和两个女儿举行婚礼。

第二年，那是尧做首领七十一年春，尧预先将两个女儿安置在妫汭，让稷代表女家，让九子和众臣陪同，一块来到妫汭。婚礼是在舜先祖虞幕居地虞城（今平陆县）的家庙举行。

尧的大女儿娥皇性格温柔，心地善良，二女儿女英自幼顽皮，争强好胜，心想，姊妹俩同嫁给舜应当分个大小，但又不好意思和姐姐强争硬夺。她眨了一下眼睛，笑着对舜和姐姐娥皇说："明天我和姐姐分路走，谁先到虞城，谁为大。"姐姐笑了笑点点头，舜合掌而笑，说但随你们的愿。

第二天一大早，女英就骑了头健壮的骡子，带着手下人，让向导带路出发了。女英用鞭子拼命抽打骡子，累得下人们跑步跟随。那骡子是母的，怀着骡驹，跑得急，半路竟要生产，女英心急火燎，骡驹却好长时间产不下。女英气愤地说："生驹也不选好时间，今后再也不许生驹！"从此以后骡子真的不再生骡驹了。由于骡子产驹耽误了时间，待女英急急忙忙赶到虞城，娥皇早到了多时，女英哭哭啼啼说："这次不算数，是骡子耽误了时间。"

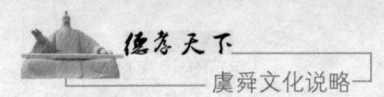

回到妫汭，舜见女英气还未消，甚是疼爱，又见娥皇难为，就给她俩分了一样多的柴，说："你们每人给我擀碗面条，谁先做好，谁为大。"女英拍手称快，转涕为笑，娥皇也就随了妹妹的意。

娥皇见只有一点柴火，便先擀面条，切好菜，然后点火做饭，柴没有用完，就把饭做好了。

女英毛手毛脚，怕耽误时间，先把火点着，然后才去擀面，锅里水烧开了，面条还没有擀出来，眼看柴也快烧完了，她急忙将没擀好的面往锅里一倒，煮了一锅疙瘩汤。她嫌丢人，端起锅往门外坡前一泼，面疙瘩变成了白卵石。从此，那坡就叫疙瘩坡。

做饭失败了，女英还不服气，要最后比一次，以决大小。

舜笑着说："好，好！你们都穿着白衣裳，从烟囱里钻过去，谁的衣裳不脏谁为大，谁的衣裳脏了谁为小。"

娥皇翻穿着衣裳钻烟囱，出来后将衣裳翻过来，衣裳干干净净。女英从烟囱出来，衣裳乌黑。女英十分羞愧，一头撞向门柱，被娥皇伸臂抱住。从此，二人不分大小，同为舜妻。此事传到尧那里，尧高兴地说："舜治家有方，将来治国也一定有略。"

第三节　负夏归省探双亲

舜婚后不久，便与二女去负夏，看望父母。

瞽瞍夫妇刚刚听说此事，对舜的不告而娶，父恼母恨，特别是后娘气得一蹦老高,连声说:"不告诉父母就在外娶媳妇,忤逆不孝!真是忤逆不孝啊!"象已20多岁,因为倨傲无礼,谁也不愿将女儿嫁给他,今闻听二位嫂嫂年青美貌,心想二位嫂嫂如果是自己的媳妇那多好啊!又是嫉妒,又是羡慕。

舜一行人回负夏省亲,早已惊动了四乡八村,乡邻们奔走相告,路旁相迎,纷纷上前问寒问暖。舜一一向大伙施礼问好。早有勤快的小孩子跑到瞽瞍家报信,瞽瞍听后十分生气:"这畜生娶媳不告诉父母,给我丢人现眼,还有脸回来!"他吩咐二儿子象说:"把大门关了,别让他们进来,这要讨个说法!"

舜的兄弟象急忙跑到院门阻拦,舜的妹妹敤首怕象真的把兄嫂关在门外,急忙跟着去了院门。这时舜已来到院门前,娥皇、女英也已下车,三人正好在院门口与象相遇,象本来是要阻拦兄嫂进门,待看见两位美貌绝色的嫂嫂,两眼发直,目瞪口呆,早把关门的事忘到九霄云外。舜与他打招呼,他都没听清,心不在焉地"啊!啊!"了两声。敤首亲热地叫着"哥嫂好!"将两个嫂嫂领进家门。随从们都在大门外,伯阳、雄陶和秦不空这三位随来的朋友经常到舜家里来,非常熟悉,就跟进门来。

舜和二女进了屋门,只见瞽瞍和后娘坐在炕上,怒气冲冲,舜喊了声:"爸!妈!孩儿问二老好!"立即跪在二老面前,娥皇、女英也紧跟着跪下。瞽瞍怒骂道:"你不告诉父母,就在外边娶媳妇,眼里即没有父母,回来做啥,出去,快滚出去!"舜道:"孩儿知错了,这就给二老磕头请罪,请二

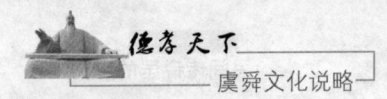

老原谅。"边说边磕头。瞽瞍更怒,骂道:"我没你这儿子,快滚出去!"边骂边用杖抽打舜。秦不空和雄陶急忙劝挡,瞽瞍打又打不得,转责雄陶:"谁让你来管我家的事?"伯阳说:"伯父这不已认下他们是儿子儿媳了!"后娘道:"他们那儿是我家人,人家是首领的女儿女婿!"瞽瞍接着说:"我们小百姓家没有这号人,快出去!"敤首见如此下去终不是办法,对兄嫂说:"哥嫂快起,父母让你们出去,就先出去歇息吧。"边说边搀扶二嫂,娥皇、女英早已跪得腰酸腿麻,也只好顺水推舟,站了起来,雄陶也拉起舜。舜对父母说:"孩儿先告退,明早再来请安。"舜与从人安歇在朋友家中,准备次日一早再向父母讲明原委,以安二老之心。

第四节 孝子两拜进家门

话说舜娶娥皇、女英回家探视父母,父母大动肝火,拒门而不让入,舜只好等父母气消之后第二天再拜父母。

舜去后,父母和象商量,如果明天舜带上媳妇再来怎么办?瞽瞍说:"明天一定不让他们进门!"象想见二位嫂嫂,便说:"进门可以,让舜跪着,二位嫂嫂站着,让舜饿一天。"后娘说:"还是不让他们进门的好!"

舜的妹妹敤首向来喜爱哥哥舜,怕父母真的不认兄嫂,将来兄嫂再也难登门。父母又不明事理,直接劝恐怕难说通,只能从反面激他们。于是敤首故意装着生气地说:"咱们不让哥嫂进门那不是便宜了他们?"瞽瞍问:"怎么说便宜了他们啦?"敤首说:"哥哥在外面结了婚,没有先告知父母两位大人,但哥嫂能回来认错,第一次不让他们进门,还情有可原,但第二次来仍关门不让进,邻里们会说,父母不讲礼数。父母不要他们,他们就可以自由自在地在外面享清福,父母也不用赡养了,那不是便宜他们么?"

瞽瞍和后娘登时一愣,觉得这倒是个理,后娘便急不可待地说:"对,不能便宜了他们。"瞽瞍说:"还是女儿心痛父母,话讲得有眉目,还是认了好。"敤首一看父母心动,于是又加上一把火,装着得意的样子又说:"让首领的女儿侍奉父母亲,父母亲的身份不同常人了么,不就高了么!两个嫂嫂天生金枝玉叶,家里这些粗活笨活干不来时,那时只有父母说的,哪里还有他们说的。再说,首领将女儿嫁给哥哥,准是看上哥哥的才华,说不准父母将来还享哥哥的大福哩!"

瞽瞍夫妇经女儿敤首这么一说,觉得绝不能让舜和二女独自享清福,自己身为父母要让首领的女儿侍奉,在外人面前那是多么荣耀的事啊!瞽瞍夫妇两个对视笑了一下,腰也直了,脖梗也硬了,忽觉得自己地位尊贵起来了。对女儿说:"好,等他们明天来后再说!"

次日黎明,舜夫妇三人早早来到院门前,敤首开门,将三人迎进院来,悄悄地对哥嫂言明了昨晚情形,两位嫂嫂连连道谢。待瞽瞍夫妇起床后,舜夫妇进屋问安行礼。瞽瞍夫妇危坐堂前,一脸愠色,你一句她一句教训了舜一顿,舜恭立一旁,也不辩解,只是点头允答。瞽瞍又转身对两位媳妇说:"你们虽是首领的女儿,却做了我们小百姓家的媳妇,我们的家法,是子妇侍奉舅姑,能做来留下,做不来就走吧。"娥皇、女英齐声说:"感谢二老宽宏大量,子妇愿侍奉舅姑。"拜见完父母后,娥皇、女英便为瞽瞍夫妇叠被扫炕打洗脸水,打扫收拾房院做饭,足足忙了一早上。吃过早饭,舜拿出给父母、象和𢾾首的礼物,分送各人。并给父母说明在妫汭已经安排好了全家的住处,让父母一块去生活,便于照料他们。后娘却故作推辞。𢾾首私下劝母亲说搬去妫汭房屋宽敞,生活富足,象哥哥的媳妇也好找下。母亲也同意了。舜立即安排搬迁之事。

第五节　梳妆石台映靓容

舜在负夏的家,东边有座山,族人因为思念故土,就将这座山叫诸冯山。

诸冯山披满绿装,景色秀丽。从负夏聚出来,沿一条小路蜿蜒爬上山顶,山顶并不大,却像一个平台。

娥皇、女英来到负夏后,在做完家务,料理好公婆的生活,她们很向往这座美丽的小山。于是,对舜言明后,就沿着小路爬上诸冯山。小路两旁,绿树掩映,花草鲜艳。姐妹俩无暇欣赏景色,一直爬上山顶,只见一片平展展的平地,有一张石台,像一张桌子,石台中间有一面石镜,台上放一把石梳。石台前面有一汪碧清澄澈的泉水。仿佛是谁预先给姐妹俩准备的。

女英一眼瞧见石台,跑上前去,在泉水中把脸洗的干干净净,然后拿起石梳梳头,再用石镜映照。娥皇也在泉水中洗脸，用石梳梳头，石镜映照。姐妹俩的靓容映照在石镜里。

在负夏的日子里，姐妹俩几乎天天都要到诸冯山上洗脸、梳头、照镜子。那泉水格外神奇，姐妹俩的脸越洗，皮肤越白润光泽，头发越梳，越光鉴照人。

后人给诸冯山上的平台起名叫"梳妆台"。

第六节　尧舜妙语谈道德

舜和二女婚后，将父母接到妫汭一块生活，夫妻三人和父母、弟妹过得也算相安无事。舜和二女每天照例一日三礼向父母问安，父母也乐得个消闲。

日月如梭，光阴似箭，转眼间，二女离开尧都，不觉已经四月有余。尧十分思念女儿，也想见见这位佳婿，于是便派人接二女归省，同时告诉舜，也让他一同前来。

尧为了女儿女婿归省方便，便令人在他的宫殿旁为舜收拾一间住室，名叫贰室，专为舜居住用。二皇女和舜回京都的消息惊动朝野，许多人都想亲眼目睹首领的女婿，街两旁挤满了人，路两旁群臣百僚列队欢迎，鼓乐缭绕，十分壮观。舜和二女侁侁而行，舜果然气度不凡，中等身材，黑黝黝的皮肤，脸颊上没有胡须，特别是双眼炯炯有神，每个眼里都有两个瞳仁，很是奇特，众人惊叹不已。

舜住在京都与尧经常交谈。有一天，尧问道："我想让部落之民都来归附，如何实施？"舜答道："专意行事而不偏失，即使是做细微的事情也毫不懈息，言行忠信而贯彻始终。如此

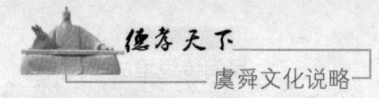

行事天下尽归。"

尧接着问:"应该先从何处着手?"

舜回答:"掌握天时地势。"

尧问:"具体如何实施?"

舜答:"让万民从大地得到收获。"

尧问:"当政者当致力于什么?"

舜答:"管理好人民。"

尧又问舜:"你认为人情怎么样?"

舜沉思了片刻,伸出了三个指头,侃侃而谈,他说,做人要看三情,一是亲情,二是友情,三是君臣之情。一个人如果有了妻子,看他的德行如何,就要看他对父母的孝顺与否。现在有些人娶妻得子,便忘了父母的孝敬或者淡泊了父母的养育之恩,这是做人在亲情上、家庭关系应防止发生的人情偏差。他进一步分析说交友,朋友之间不能有私欲,如果有了私欲,朋友之间的友情就失去了诚信,失去诚信的人是无情,人与人之间的诚信是第一。说完,舜望了尧一眼,深沉地说,这三情么,是君臣之情,一个人身为人臣,作为国家官员,如果只追求官位升迁和俸禄多少,那他绝不是忠臣,反而会贪欲不断为害国家。

一天,尧又问舜:"宗、脍、胥敖三国不尽臣礼,我南面听政时,心里总觉得不自在,很想讨伐他们,你觉得如何?"

舜说:"那三个小国,就当他们是在蓬草丛中的小鸟,让它自由飞翔去吧!心里哪里还会不自在? 当初十个太阳一块出来，万物都得到普照，何况德的推进啊，就要像太阳一样。"

又有一次，舜问尧："您作为天子的治国原则是什么？"尧说："我关心穷苦百姓，抚恤鳏寡孤独之人，这就是我的用心。"舜说："美倒是美，却没有光大。"尧问："那要如何呢？"舜道："首领之德广布天下，使人民安居乐业，就要像日月普照大地一样，就要像雨露润泽大地一样。"

一席话说得尧茅塞顿开，心想，此人非凡才也。舜和二女在平阳待了些时间，虽然二女舍不得离开父母，舜与尧也整天谈的很开心，但舜和二女没有乐而忘蜀，而是十分惦念舜家中父母，尧虽舍不得让佳婿爱女走，但觉得他们甚是知理数，于是，亲自赠舜雕弓和琴，并馈赠舜父母家厚礼，派九子和官员随同，依依告别。

尧将二女嫁给舜，派九子、官员侍奉舜，是考验舜在美色权势面前，是否骄淫横暴，沉溺堕落。尧详细询问了去妫汭的大臣，得知舜的道德修养淳厚，行为谨慎谦恭。尧又细细询问九子二女，得知舜在处理家庭事务方面正如人们传说的那样可嘉可奖。尧喜叹终于得到了一位大贤。

第七节　鸟工神衣救圣贤

舜和二女从京都省亲回到妫汭后，把尧赠送的礼品一一给了瞽瞍夫妇，象和敤首也都有馈赠。能得到尧的礼物，瞽瞍夫妇自然十分高兴，但一想到这等好事偏偏都让舜一个人占了，心里就很不舒服。

象更是对舜的雕弓和琴羡慕不已,特别是对两个美丽的嫂嫂常常想入非非。当时氏族内有一个风俗:长兄死了,弟弟可以继承拥有兄长的老婆。阴险恶毒的象,总想设圈套将哥哥害死,名正言顺地达到心愿。父母则想占有舜的财产,狠毒的三人不谋而合。

一天降雨,瞽瞍对舜说:"后院的谷仓漏雨,天晴后你上去修理修理。"舜回到房后,将此事告诉给了二女。女英着急地说:"廪高顶滑,你可要当心,有危险啊!"舜迟疑地说:"爸让做的事,怎能不去呀?"娥皇凝神想了一会,微笑着说:"这话也对,不过你放心去吧,我们给你制作一件鸟工衣。"

二女天生聪明,她们取出布匹,裁剪缝制,衣服内缝上木棍竹片,做好后衣服能开能合,合住就是一件普通的衣服,开启撑起两个大翅翼,如同飞鸟。次日雨歇天晴,瞽瞍就叫象来催舜。舜穿上鸟工衣,来到谷仓旁。象见舜一到就捋袖挽胳膊的样子,心里暗暗发笑:干吧,今天可有你好看的了。他嬉皮笑脸地说:"哥,我胆小,你上去抹,我在下面和泥。"

仓廪高高的,状如菇菌形。舜蹬上梯子,爬到廪顶,细心地抹起泥来,不一会就干得满头大汗。突然,他发现,不知什么时候仓廪边的梯子被抽走了,仓廪四周堆满了柴草。象正在猫腰点火。舜急了,忙喊:"弟,这是干什么呀?这不把我烧死了吗?"象也不吭声,却点燃了柴草。

舜在仓廪顶上,急得团团转,看到距地面那么高,又不敢跳。这时,他看见后娘也来到跟前,正往上张望。他大声喊:"娘,快叫弟弟把火灭了!"

"孩子，你不是整天想你亲娘吗？今天就送你去天堂里见她！嘿嘿，嘿嘿嘿！"后娘恶毒地笑着说。

"爸呀，爸呀，快来救我呀！"舜想起瞽瞍在卧室里，急忙大声喊。

但瞽瞍躲在屋里不吭声。

象一边点火，一边开心大笑："哥，今天你叫谁都不行了，哈哈哈！"他看四周都有火苗蹿上去，便拍拍手，和其母扭头而去。

刹时间只见仓廪四周浓烟滚滚，烧起熊熊大火。舜想，烧死还不如摔死。心一横，他展开双臂，闭上双眼，向北墙外腾跃而去。

只听"啪"地一声响，身上的鸟工衣一下子张开了，像两个翅膀，舜如同长了双翼的大鸟，迎着风轻飘飘地落在地面，身上毫发未损。

象回到屋里，和后娘高兴得手舞足蹈。忽然从窗口看见一只大鸟从廪顶飞下去了，仔细一看，竟是舜！娘俩立时目瞪口呆，如泥塑一般。

舜拍拍身上的泥土，一声未吭，回到了自己屋里。

第八节　淑女巧解浚井险

火烧仓廪的事发生以后，舜明白家里的情况，自己完好无缺，也就不计较，但却提高了预防的警惕，家里倒平静了几天。

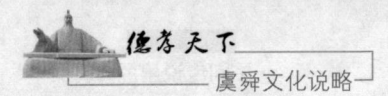

一天,二女突然发现,象从地里搬运来许多沙石,堆放在父母后院的井台旁。家里不修不盖的,要沙石干什么?二女很有心计,心想是不是又要为难舜。但又不好向舜说明,就婉转地对舜说,父母是不是要修井,咱家的井与父母家的井只有一墙之隔,从这边把两口井打通,修起来也方便。

舜何等聪明,其实她们担心的事,舜也不是没想到,只不愿与二妻挑明罢了。

于是,夫妻三人立即连夜动手。舜在井中挖通道,二女把土吊上来,藏在后院空房里。白天,由一个人在前院陪父母聊天,两个人在后院掘洞,夜晚三个人一起干。通道挖好了,只不过在父母的井壁上只挖通一个方孔,方孔周围剥得极薄,一捅就是个能钻过人的洞口。

瞽瞍果然叫舜去浚井。他用手中的拐棍敲着地面说:"上回象烧仓廪,实在糊涂,我已责备了他,念他年龄小,你要原谅他。我那井淤了,井水浊了,你务必帮爹淘一淘。"

舜一听爹这样说,立即痛快地答应了。回到家对妻子一说,娥皇、女英急忙拿出一件紧身衣让舜换上,说:"这是我们赶做的龙工衣,便于井中行动。"

舜带着工具,象往井里放着绳子,舜刚下到井里,象就把井绳弄断了,接着,"哗哗哗",一阵沙石,劈头盖脸从上面倾倒下来。舜被沙石砸得睁不开眼。他急忙摸到通道的方孔,撞大洞口,钻了进去。舜急着往回摸,爬过通道,从自家的井里逃了出来。

象还在井口拼命填沙石,把井填平,又踩了几脚。他兴高采烈地对前来观看的父母说:"这计谋是我想出来的,舜的牛羊仓廪归父母,雕弓、干戈和琴归我,两个嫂嫂,哈哈哈,也归我了!"后娘乐呵呵地说:"还是我儿有本事!"瞽瞍不冷不热地说:"这奴才倒死得安然。"

象径直跑到舜的家里,俨然如主人一样,走进居室,从墙上取下舜的琴,叮叮琮琮地弹起来,看着屋里的一切得意地想,从此,这一切都归我了。

舜在后院沐浴更衣后,神色自若地走进屋里。

象大吃一惊,两眼发直,说不出话来。明明把舜埋进井里,难道是白日见鬼?舜难道会死而复活?

舜却啥事也没有似的,十分和气地问:"弟弟今天有雅兴弹琴?"象如梦方醒,极不自在地说:"我,我想念哥哥,正忧愁着呢!"舜说:"我知道你想念我,你应出于兄弟之情,代我管理管理事务。"象如坐针毡,嘴里支支吾吾,也不知说些什么,起身一溜烟地跑了。

第九节　阴毒摆设鸿门宴

秋天来了,天高气爽,一片丰收的景象,人们望着籽粒饱满的庄稼,心情格外愉快,小孩子牵着风筝跑来跑去。但瞽瞍、后娘和象三个人却因两次都没把舜害死,反而把仓廪也烧了,井也填了,心里更加恼恨。这天,他们又密谋定下了毒计。

一天,象装着一副亲热的样子,厚着脸皮对舜说:"哥

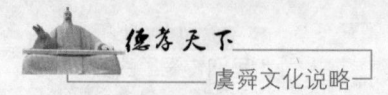

哥,以前我顽皮,想给哥哥开个玩笑,不想差点伤了哥哥,我心里很难受。我让爸妈特意准备了酒菜,向哥哥认错,明天中午哥一定要来!"

象走后,舜与二女觉得纳闷,这位泼皮小弟,怎么一下子也通人性啦?舜心想,人不怕有过,有过能改之,也是人性之善。弟弟有这份心,哥哥就要领情。他说:"既然父母、弟弟请我过去,我就去,还应带点东西过去。父母心中有儿女,儿女心中更应有父母。"娥皇和女英担心出事,本来不想让去,见舜这样说,也不好再坚持,况且也巴不得家人和美,就急忙和舜商议带什么东西过去。

忽然,听见急促的敲门声,打开门一看,原来是妹妹敤首。敤首喘着气说:"明天父母请哥过去吃饭,你可要当心。他们要趁你喝醉动手脚。"舜思忖片刻,问:"这不可能吧?"敤首急着说:"哥,这千真万确,他们在外屋商议,我偷听到的。"

舜说:"那就说我有事,不去了。""这样不好",妻子们说,"不去,爸妈又会找碴怪罪。他们做对不起咱们的事,咱们要做对得起他们的事,还是去好,不过得有点准备。"

于是,二女准备好礼品,又挑选了几味中药,置于大锅里熬成汤药,让舜在药汤里沐浴浸泡。舜浸泡后,又用净水洗过。第二天中午,舜特意换上一身干净衣服,带上礼品到爸妈家赴宴。

父母和象装出一副热情亲热的样子,看上去一家人在欢喜团宴,可象早把一把斧子磨得锋利,藏在后面厨房里。

丰盛的酒菜摆上了，大家围坐在桌旁，后娘笑眯眯地对舜说："你兄弟顽皮贪玩，几次戏弄你，我和你爸已经责备他了，他现今十分后悔。咱一家人不说两家话，你要原谅他年轻不懂事。来，来，把这杯酒喝了，算我和你爸替你兄弟赔不是。"

舜急忙站起来说："应该儿子先敬爸妈酒，哪有爸妈给儿子敬酒的道理。"

瞽瞍说道："哎！舜儿，自家人客气什么。你尽管喝！你妈的好意，怎能拒绝。"

舜还是给父母各敬了一杯酒，然后才接过父母的酒喝了。

接着，象又给舜敬酒，舜不再推辞，接过杯子一饮而尽。舜又与象碰杯，兄弟俩碰了一杯又一杯，父母和象三人轮流向舜劝酒，劝了一杯又一杯，到后来，简直是在灌酒。但舜依然端坐在那儿，一点醉的迹象也没有。而象却舌头都发硬了，他摇了摇两个空酒坛子，摇摇晃晃地站起来说："我到后面再拿酒去。"进厨房去了。

这时，舜看到后娘也醉了，父亲看不见，小妹敤首直打手势催他离开，便假装上厕所起身出门离去。

象手持斧头进来，朦胧中已不见舜的人影，急忙追出去，没想到刚到大门口，"扑通"一声，醉倒在地上了。

第十节 孝子自责泣昊天

时值秋季，天气晴朗，秋高气爽。田野里一片丰收景象，黍稷的穗儿沉甸甸，历山山坡上栗树枝上密密的栗果爆裂栗露，山葡萄一嘟嘟鲜美馋人，山坡和田野里一株株高大的柿树，红色的叶片间缀满了一个个浑圆鲜红的柿子。秋天的原野是诱人的，所有的生命都呈现丰腴饱满的姿态，就连小草在枯萎前也做出最后一搏，在秋露中伸展挺直了成熟的叶片。山坡上，肥胖的小鹿跟随着鹿妈妈，时而吃草，时而蹦跳撒欢，鹿妈妈亲昵地舔着小鹿。天空，鸠鸟与母俱飞相哺。

舜站在田野里，望着美丽的景色，望着眼前这一幕幕的动人的景象，心中却无限悲哀。疼爱子女是父母的天性，就连禽兽也有舐犊之情，何况有思想有感情的人类？可是父母为什么总想加害自己？自己想尽方法孝敬父母，父母却憎恨欲杀自己。这到底是谁的错？

舜扪心自问，自幼至今，自己一直孝敬双亲，二十岁就以孝而闻名天下。难道父母错了吗？天下百错，只有做子女的错，那里有做父母的错！

是啊，人生世间，美色是人人所希望的，自己娶了尧的两个美貌的女儿，但这不能解自己的忧愁；富贵是人人所希望的，自己已经富贵，但这不能解自己的忧愁；大家都喜欢自己，这仍不能解除自己的忧愁。只有让父母顺心才能解除自己的忧愁。

舜怨恨自己不如父母之意，不能让父母顺心，导致父母憎恨自己。舜内心自责，悔愧，既怨恨自己，更思慕父母，不觉万箭攒心，悲愤交加，大声喊："苍天！苍天！"号啕大哭起来。

尧通过与舜交谈，舜谈了自己对治邦安国的看法，对道德的认识。尧很钦佩舜的非凡的见识。通过试舜治家的本领，知道舜对父母非常孝敬，父母与象三次陷害舜，都被舜化险为夷。而舜不但不记恨父母，却很思慕父母。故孟子说："大孝，终身慕父母。五十而慕者，予于大舜见之矣。"孟子称舜："大孝也"。舜不记恨父母陷害自己，却怨恨自己不如父母之意，而泣于昊天。更加的孝敬父母，丝毫没有懈怠。尧看到了舜具有的极为高尚的道德品质，认为舜贤，就决定让舜前来治理朝政。

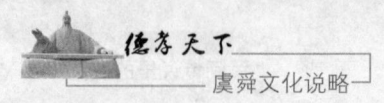

第八章 管理朝政展宏图

瞽瞍夫妇和象陷害舜的事情，舜家中的一切，随行的官员都向尧作了汇报。尧对舜治家的品行很满意，于是让九子及官员和舜一块回到陶唐部落。

舜到尧朝后，被尧任命担任大司徒，尧又对舜进行了新的考验，尧认为满意后，让舜全面管理朝政。舜按照自己的执政策略，开展了一系列的举措。

第一节 慎徽五典创文明

尧决定考察舜的治国才能，任命舜为大司徒，管理行政教育事务。舜任大司徒后，一直考虑要辅佐尧治理好天下，该从何入手呢？

当时，首领对天下的管理，通过各都都长，管理整个部落的事务，各都管理各都的事务。所有的条款规定都非常简单，而道德规范则是空白。而部落里也经常出现偷盗抢劫财物的不良行为，甚至出现了臣子不服从君主，子女不孝敬父母，人们之间相处不仁不义，无礼无序的事情。

舜反复思考，必须建立一套规范的道德律条，来约束人们的行为。制定那些道德律条呢？

舜认为万物皆有道，道为根本。立天之道阴与阳，立地之道柔与刚，立人之道仁与义。治天下有治天下之道，治邦首要在治民，要使民知仁义。礼为大体，知仁义必先知礼。礼从何来，礼者，谨严于治生死者。生，来自父母，必先从孝敬父母始。死，人之终止，慎终必端正自己行为。所以，必须教民知礼义，讲忠孝。舜将人生终始之礼归纳为"五常之教"，又名"五典"，即："父义、母慈、兄友、弟恭、子孝。"五常之教是人之常行的社会行为准则。舜要建立一种崭新的礼仪制度，实现他一贯主张的以德治国的目的。在华夏民族的历史上，是舜第一个确立了规范的道德律条，在当时的"中国"推行，就是当时的华夏部落联盟境内，也就是现在的晋南地区范围内。舜推行五常之教，短短几个月，就有明显的效果。在华夏部落联盟内部，人们之间相互礼让，以致民风大变，人人争将五常之教作为自己的行为准则，四方蛮夷之邦恭敬地称赞华夏为礼仪之邦。

第二节　总百揆推举贤人

尧时以今山西省晋南为中心，史学家认为是最早的"中国"。"中国"以东各部落名之为东夷各部落，以西各部落名之为西戎各部落，以南各部落名之为南蛮各部落，以北各部落名之为北狄各部落。

舜在"中国"颁布五常之教，建立起规范的社会道德准则，使社会治理井井有序，使"中国"成为最强大的部落联盟，四方蛮夷戎狄各部落都恭敬对待"中国"。尧十分满意，宣布让舜总百揆，就是总管百官，全面管理朝政。舜开始实施自己的政治纲领，他选贤任能，向尧推荐皋陶，说："皋陶有大才，尤其明于判断，可做士师，理刑狱。"尧也知道到皋陶贤，同意舜的建议。舜又推荐了七友诸贤，尧说："方回曾在朝中任过职，吾正欲重用，他却辞官而去。吾早听说续牙是位大贤，却总召不来。你说的其他几位，吾觉得都可任用，速速宣召他们来朝。"舜还推荐了"八元"和"八恺"十六位贤人，尧均同意召用为朝臣。

舜即刻派人宣召诸贤入朝，结果只有皋陶和"八元"、"八恺"诸贤来了。那宣召七友的使臣禀报说："臣按大司徒所说之地，一一寻访，均不见七位大贤踪迹，七贤的邻居们都说，自大司徒入朝后，各位贤人都携家搬走了，臣多方打探，询问众人，均不知去向。"舜深赏七友之才，尤叹七友气节，更惋惜七友立志归隐而致埋没人才。

"八元"是帝喾的八个儿子，名字叫作：仲奋、仲堪、叔献、季仲、伯虎、仲熊、叔豹、季狸，他们忠肃共懿，宣慈惠和，众人称作"八元"，赞他们是忠善之人。舜命他们推行五常之教，教化众民。

"八恺"是颛顼的八个儿子，名字叫作：仓舒、隤皑、梼皑、大临、龙降、庭坚、仲容、叔达，他们齐圣广渊，明允笃诚，众人称作"八恺"，恺是能和乐于物的意思，赞他们做人行事能切合实际。舜命他们帮自己处理朝中事务。过去朝中诸事无章可循，舜让"八恺"定章制典，使诸事有序，地平天成，百官各得其所，谨慎从事，都没有荒废事业。

第三节　陷大麓临危不惧

舜受到尧的重用，扶助尧制五典，摄百官，行五常，宾四门，尧深感舜确实是个足智多谋、善断勤勉之人，但治邦之君，必有胆识、意志、勇敢和百折不挠的精神和品质，还没有考察过舜面对大自然力量所表现的胆识。于是尧命舜前往山林视察水灾。

舜简衣着装，亲自带领几个朝臣，前往孟门山视察水灾。只见那里平地水深丈余，到处一片汪洋。舜只好登上高岗，攀越大山，有的地方山石嶙嶙，草木莽莽，根本无路可走，舜带头走在前面，刀劈杖打，开辟道路。怪石划破了衣服，荆棘刺破了手臂。

舜一行人逢山开路，遇水架桥。白天行走在参天的森林和荆棘遍布的山峦间，黑夜宿在临时搭架的帐子里。为防止野兽闯入，帐旁点着火堆，大家轮流值岗。

密林里常有猛兽出入，时刻都有生命的危险。一天，他们走进一片猛恶林子，树木高大，不见天日，阴森森令人胆寒。突然，一群恶狼出现在前方，挡住去路，众人一惊，不知进退。

舜挥手说："你们在这儿别动。"他独自上前，走到距狼丈余之处，双手持棍挺身站立，毫无惧色，与狼对峙。那几只狼臀部着地，前腿撑地，竖着双耳，瞪圆眼睛盯着舜。

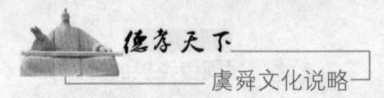

舜沉着冷静，只有一个念头，自己是带队的，狼要吃人，就让它们吃自己一个人吧！保住大家，自己死了，也算尽到职责。

也许是舜的大无畏精神震慑了群狼，对峙一阵后，恶狼们似乎觉得面前这人高大威猛，不可战胜。那只领头的狼朝空中吼了一声转身小跑而去，其他几只狼紧跟着离去。

几名朝臣急忙上前，问："大司徒，没事吧？"舜镇定地说："没事，大家走吧。"

一路多次遇到过虎、熊和大蟒等猛兽，每次都是舜独自上前，对峙之后，都是猛兽先行离去。大家不解，舜说："危险并不可怕，可怕的是自己先败下阵，临危不惧，必然置之死地而后生"。

一天黄昏，舜和大家正在丛林中行走，天气突变，狂风大作，刹时呼啸之声令人窒息，有的树木连根拔起，枝叶折断，随着风声天空中乌云滚滚，遮天蔽日，天昏地暗，伸手不见五指，紧接着电闪雷鸣，大雨倾盆而下，大家极为恐慌。舜大声说："大家别怕，手牵着手，跟我往前走！"大家跟着舜，跌跌撞撞在黑暗中摸索。舜借助闪电亮光，仔细辨认方向。雨更大，雷声震耳欲聋，电光闪耀身边，像要地崩山裂。大家见舜沉着不慌，便镇定下来。舜终于将大家带出丛林。

第四节　斥刁鲧义正词严

尧经过考验，认为舜是一位大贤，是自己首领之位的合格继承人。于是决定召集大臣，商议禅位于舜。这件事传到鲧、共工、驩兜的耳朵里，三个甚是不满。鲧对共工和驩兜说："尧老糊涂了，将两个女儿嫁给了农夫，居然还要禅位给他，气人吗？"驩兜说："朝里贵族大臣无数，四方都长无数，为何不禅位给这些人，那农夫真个能胜过这些贵族都长们？"共工说："咱们一块去朝里，全力阻止这件事！"

三人急忙来到平阳，上朝那天，尧恰巧商议禅让之事。

尧对满朝大臣们说："近来龙衔河图，玄龟负书，明示天象，天命归于虞舜，朕欲顺天承命，禅位给舜。"尧接着对舜说："舜啊！你可以担当此位，凡事要执中而行，不可偏颇，克勤克俭，兢兢守业。"

舜力辞道："此事万万不可！臣感激厚爱，但臣才德浅薄，不胜大任，望择有德之士禅之。"

鲧和驩兜向共工使个眼色，共工摇着头说："不可，不可，咋也不能禅位给一个匹夫！"尧说："朕选拔人才，论才德，而不论贵贱。"鲧见共工无话，便站出来，拍着胸膛恼怒地质问尧说："得天之道者为首领，得地之道者为三公。今我得地之道，而不以我为三公。虞舜得天之道了吗？岂能以匹夫为首领，不祥啊！"

众大臣听了个个侧目而视，正想上前奏事，只见尧怒斥鲧道："你还有何面目，说出此等话来，吾念众臣举荐，命你治水，九载无功，反而造成堤坍地毁，淹死人无数。这难道就是你的得地之道吗！你怎么有资格做三公呢！吾尚未治你治水失职之罪，你反而自找上门，又有何才何能何德，在此胡言！"尧一席话斥责得鲧面红耳赤，哑口无言，众臣微微点头。尧又

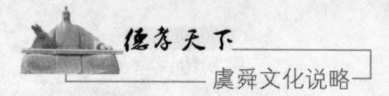

道:"吾经三年考察,自认得人,吾意已决,禅位于舜,不必再争!"当即散朝。

第五节 从权禅位代摄政

尧决意禅位于舜,再次召集群臣商议此事。他说:"来吧!舜。我多次与你谋划政事,反复考察你的言行,你提出的建议,推行之后就可以获得成功。这样的考察已经三年了,你登上首领位吧!"舜依然辞道:"臣才德薄浅,不堪嗣承首领职位。"

尧一再要求舜即位,群臣也再三劝进,舜再三推辞,说:"臣虽不受,不是不为,而是不位,请体谅臣。"舜的一席话,提醒了群臣,大家只好想出一个权宜之计,即决定先由舜替尧摄政。就是尧离位,由舜代行首领之职。在大家的解释和苦劝之下,舜终于答应了。

因尧以火德王天下,按五行之德,尧受命的始祖是赤帝文祖,所以舜要到文祖庙——即尧的祖庙接受摄政。

尧七十三年正月初一日,预先沐浴斋戒的尧和舜,来到文祖庙,首先拜祭尧先祖文祖,尧与舜相互交接了首领的权力。从即日起,年届九旬的尧在政治上的权力即告终结,首领的责任从此以后由32岁的舜来承担。

舜摄政以后,虽然是受尧之命,但心中犹自不安。璇玑玉衡是王者观天的器具。舜首先用璇玑玉衡观察天上的日、月和五星之政,观这七政齐与不齐,齐则受的是上天之命,不齐则不是顺天承命。观测的结果,七政皆齐。表明自己摄政顺乎天意,于是开始遂行首领职事。

舜命管祭祀的臣子拟写表文,沐浴斋戒,先祭天帝,即祭昊天及五帝,告知自己摄政之事。禋祭六宗等尊卑之神,望祭名山大川、五岳四渎,遍祭山川、五陵、坟衍、古之圣贤等诸神。

告祭完毕,收回各都都长的瑞玉、圭和璧,将于选择的吉月吉日,接见四方都长的朝见时,将所收敛的五种瑞玉重新颁发给各位都长。

舜以正月为当年之首,规划全年政事,时常与四岳及群臣商议政务,确定当年要做的各项事务,勤谨处理朝政,以尽首领职事。

第六节 定五刑惩恶扬善

舜摄政后,勤于朝事,以德治天下,四方皆安定。但舜发现,只靠德化于民还不行,必须对社会上的丑恶现象以处罚,德才能顺行天下,德教与法治,必须同时实施,实德不醒戒,醒戒不施法,施法必有刑,有刑则有矩,有矩则有规,人才可教也,天下可安也,国可治也。

于是舜召集皋陶等商定如何制定刑法的事。他甚是担心地说:"现在抢夺财物等犯罪的事和违犯道德的现象越来越多了,看来只靠德化是不行的,必须制定刑法,通过处罚来制止犯罪。"

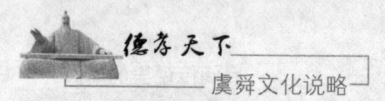

皋陶说:"臣与众商议,按照您的提议,定出五刑,即:重罪大辟(杀头),次重宫刑(割势),再次膑刑(剔膝),再次劓刑(割鼻),最轻的是墨刑(刺刻面额,染以黑色)。"

舜沉思片刻说道:"断肢截膝,过于残忍,为惩戒其改过,可否用'象以典刑'之法。"

舜与皋陶等臣商定,"象以典刑"来代替肉刑,就是象征性地表现出对犯罪者的处罚,让大家都知道,监督他改过。

犯墨刑者,让他蒙着黑色的头巾;犯劓刑者,让他穿着赤赭色的衣服;犯膑刑者,用墨蒙他膑处并画以标志;犯宫刑者,让他脚上穿着杂草织的鞋子;犯大辟者,让他穿没有领的布衣。

舜接着又说:"对于一般的犯罪,可以用"象以典刑"来处罚,对于重罪,就不能如此对待,我看以流放惩处如何?"

皋陶与众臣觉得舜言之有理,都表示赞成,大家定名为"流宥五刑"。

接着舜又分析了天下"人情"存在的问题,对于子不孝、臣不勤、友不信,提出也应当有所戒规,他说:"以上我们定的这些都是针对犯罪者惩处他们,还有一些较轻的过失,也要惩处,比如治官事之刑。"

皋陶说:"在官而不治事,或有过失,臣意当轻罚,以鞭打如何?"

舜和众臣都同意治官用鞭打之刑,起名为"鞭作官刑"。

舜补充说:"德教应从学子开始,要求学子应当勤于学业,如果学子不勤其业,老师可以用荆条来抽打他们,以示惩戒，此可作为学校之刑。"此刑定名为"扑作教刑"。

舜最后说："除了我们所议之外，还有所犯罪小，不入于五刑，有的所犯之罪极轻，虽入于鞭扑之刑，然情法上尚有可议者，让他用金来赎罪。"这就是"金作赎刑"。尧舜之时，没有货币，没有黄金，用来赎罪的金是铜。那时铜极少，用于箭镞和少数器皿，极珍贵。

舜制定出象刑、流刑、鞭刑、扑刑、赎刑五类。颁布天下，告诫众臣，明示民众，成为华夏五千年文明史上第一个以德治国和以法治国的理念。

第七节　惩奸佞放逐四凶

尧力排众议，举舜接自己位而摄政，这一明举，激怒了当朝的三个奸佞之人，即鲧、驩兜和共工。他们撒袍拂袖跑出京都，不愿受舜这样农夫出身的人所统领。于是一边走，一边商量怎么办？驩兜和共工都打算回本部落造反，二人取笑鲧说："你有部落却去不成，有啥用呢？"

鲧极为恼怒，说："我好比野兽，举起我的角，就是城堡；摇动我的尾巴，就是主将指挥军队的旌麾。我要做造反的先锋。"鲧四处流窜，准备作乱。

驩兜是黄帝的后代，他埋没信义，阴为贼寇，冥顽嚣张，好行凶德，心顽不则德义之经，口嚣而不道忠信之言，人们把他比喻为恶兽"浑沌"。浑沌生长在昆仑西，形状像犬，像罴，没有爪，有眼看不见，有耳听不见，有腹没有五脏，有肠直通

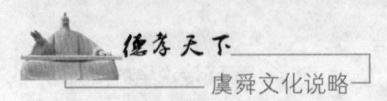

而下，伤害有德之人，依靠有凶德的人。驩兜在部落内招兵买马，训练士卒，与共工和三苗频繁联络，准备起兵造反。

三苗是诸侯缙云氏的儿子，他贪婪吃喝，侵欲崇侈，聚敛积实到了极端的地步，作为部落首领，他从不抚恤穷困，从不爱护孤寡之人。天下之人把他比喻作饕餮，贪财为饕，贪食为餮。饕餮也是传说中一种贪食的恶兽，面目手足如同人的形状，胳下长着翼，却不会飞。世人都把三苗与鲧、共工和驩兜三位尧部落联盟中的凶人，合称"四凶"。

舜听到各地民众对四凶的劣迹，传得沸沸扬扬，受其害者敢怒不敢言，舜又得知四凶正互相串通，密谋造反作乱。舜返回平阳，将四凶的情况报告给尧，尧在离位休息之后，交代舜一定要认真严肃处理这件事，以示舜的胆识。尧退位后，鲧、共工、驩兜三凶更是不把舜放在眼里，越发肆意妄为，伙同三苗到处作乱，加害百姓。舜面对恶情，处危不乱。他果然出手不凡，不怕"四凶"对自己的攻击，采取果断措施，派人解除了驩兜、共工和三苗的武装，将共工赶到幽陵（今北京市密云县共城），让他变成北狄；将驩兜赶到崇山（衡岭之南），让他变成南蛮；迁三苗于三危（今甘肃省敦煌），让他变成西戎。这三凶都放到北、南、西极边远之地，不能再为患华夏。只有鲧在野外到处流窜，而舜认为鲧治水无绩，淹死无数无辜百姓，罪大恶极，应立即正法。派老臣祝融前去行刑，祝融带着从人，一直追到羽山。鲧见无处可逃，跳进羽渊，化为玄鱼。

"四凶"罪大恶极，尧不能治"四凶"，而舜惩罚了他们，放逐"四凶"，天下人心悦诚服，善政得以推行。

第八节　设善旌诚信为本

舜助尧摄政后，深思熟虑治国方略。舜首先大胆改革尧的任贤机制。尧用贤人，是聚贤于一体。作为首领的臂膀，没有明确分工和专职官员，只是经常勉励他们勤于政事。舜上任后依据政务的需要，设立部落联盟管理职能部门，对贤能仁人，因材使用，分工负责，专职管理。舜将禹、皋陶、益等贤者召到朝中，舜让契担任大司徒，管理行政教育；禹为大司空，管理工程；后稷为大司农，管农业；奚仲管百工；皋陶管司法。对朝中其他近二十多位贤者，也都因人授职，以尽其责。由于分工明确，职能专一，这些官员都很负责任，劝民众渔、木、牧、农，地尽其力，人尽其能；规范社会秩序，百业俱兴，万事有序。

舜一贯倡导施行仁政。他常常告诫官员仁是首领的治邦之宝，基业之佐。只有施行仁政，天下才会归心，万民才会归附。施仁政，不仅是首领的事，更重要的是要劝教民众向善，只要人人都善良友好，人与人之间的关系就会非常美好，才是仁政的体现。舜为了让天下之人都行善举，专门设立"告善之旌"，发现善举之人，专门给予表彰，特意在他家门设立旌表，让大家都以他为榜样，学习他的善举。

一天，下面禀报说有一个人经常受到邻居的欺凌，却总是忍受着。那天邻居家的孩子在家里玩火，不慎烧着了房子，被熊熊大火围住，无法逃脱，可巧四下无人，这个人忽然听到邻

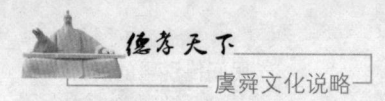

居孩子的哭声和呼救，便奋不顾身，冲进烈火中，救出孩子，又急忙将大火扑灭，待邻居从地里赶回，知道这件事后，十分感激，立即向这个人下跪拜谢。

舜听到这件事后，非常高兴，亲自给其设制旌表，嘉勉他继续行善，号召大家向他学习。

舜帝提倡人人贡善，闻善则喜，见人有善，如同自己有善，见人有过，如同自己有过。

舜把讲诚信作为劝民向善的重要内容，他说诚信是治事之本，天地不诚不能化万物，圣人不诚不能化万民。不讲诚信，不会真正向善。舜带头讲诚信，要求大家都讲诚信，人民相交往讲求诚信，"中国"境内风气大变，民风淳朴忠厚，受到四方蛮夷赞扬。

第九节 知人善任禹治水

茫茫天地，洪水肆虐，遍及九州，民不聊生，饿殍千里，田地荒芜，民众背井离乡，逃逸家园，民或为蚁虫，民或为鱼鳖，民或为鸟兽。

面对洪水年年成灾，岁岁为祸，让尧常常忧心忡忡，更让为尧摄政的舜心急如焚。解民于倒悬,安民于治水。舜夜不能寐，食不下咽，回想起尧曾两度大兴治水，都因所用人失察，治水方法不力而导致失败，如今如何是好。众臣贤能不少，何人才能担此重任，舜忽然想起禹在陶城曾给自己说过，疏导大水入海的主张。看来派禹治水倒是一个合适人选，但舜又想到禹的父亲鲧过去也曾治水，不仅无功，而且作恶，是自己下令处死的，用禹合适吗？舜反复思考，觉得为了治水之大业，应该用人不避情，用人不避亲，用人不疑人，鲧是鲧，禹是禹。决定大胆起用禹治水。

《竹书纪年·帝尧陶唐氏》说："七十五年，司空禹治河。"

因为古人所谓的"河"，专指黄河。所以，禹治理的洪水，只是治理了黄河的水患。因为当时尧、舜、禹华夏部落联盟在晋南，是一个内陆盆地，地势低洼，如果要把这个盆地的洪水排出去，只能是通过黄河排入大海。所以，禹只要疏通治理黄河，就可以把华夏部落联盟境内的洪水排出去。因而，作为后来居于华夏部落联盟境内的魏国，在编纂《竹书纪年》时，一定掌握了禹治水的第一手资料，所以才有了禹治河的结论。禹制定了治水的计划，先从水患的发源地壶口开始，然后沿黄河疏浚河道，一直疏浚到今天津南边流入大海。

为了给禹治水提供方便，舜对禹说："此次治水，为万民造福，望君须倾全力。我让大部分朝臣随你治水，人员由你选择安排，各地的人、物由你统一调度。禹见舜如此重视，又如此信任自己，更是感激不尽，鞠躬尽瘁。他令各都，每都抽调3000人计，共征民工5万余人。并颁布告示，全联盟青壮年劳力均有掘土开河的义务。工役以就近征集为宜，邻近都、县当派工役协助，一年一轮换。

由于这次治水，主要是疏通河道，泄水于海，工程艰巨，难度无前，既要穿山陆行，又要涉水踏淤。于是禹专门打造了橇、舟等运行工具。陆行乘车，水行乘舟，泥行乘橇，山行乘

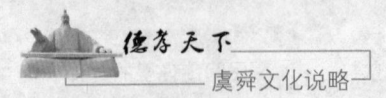

槔,一路逢山凿洞,逢沟架槽,开山劈石,遇水搭桥。

为保障治水工程井然有序,前后接应,禹按照舜的要求,将稷、益、"八元"、"八恺"等朝臣都分工细作,人人有责,各领一队人马,分赴各都、各河岸、各路段。只见人潮涌动,干活的号子声、伐木的笃笃声、打造工具的铿锵声、准备粮秣的车马声,震遍山野河川。

禹看到这一切,深感舜的知遇之恩,越发慎勤,他派善走的大汉大章和竖亥奔走联络,了解工程进展,自己带领横革、真窥、伯益等随从臣僚沿山巡视,全面指挥。舜在平阳听到此消息,甚是喜悦,感慨地说:"此人乃大器也!"

第十节　万里洪涛归大海

禹遵舜命而治水,又吸取其父治水的教训,心想水患要根治,必须采用"疏导"的做法,通过疏通河道,将洪水疏泄到东北边的大海里。

禹经过勘察洪水流向,首先选择在冀州的壶口开始。壶口山(在今山西省吉县西)向西纵横,挡住了大河上游洪水。禹带领治河大军要在壶口山凿开道口子,但这里山石林立,十分险要,一不小心便葬于万丈深渊。禹就亲自带头到险要之处,为防意外,让人们轮班工作,夜以继日,终于开凿出蔚为壮观的壶口瀑布。

上游凿通后,又带领众人马不停蹄、人不卸甲,紧接着开凿下游的龙门山。巨灵氏部落出动大量人力,疏渗龙门山南边的河道。

当河水一泻而东,到达三门峡时,一座大山又将水挡住,山体太厚,无法横凿,禹就把山凿成几段,使河水分流,包绕着山经过,好像三道门,即:鬼门、神门、人门。

三门峡至今还留下禹挖的七口石井,所以三门峡又叫"七井三门";鬼门岛崖头上有两个圆坑,叫作"马蹄窝",传说禹跃马过三门时,马前蹄踩下的足印。三门峡上游有禹王庙(在今山西省夏县),千百年来,艄公们过三门峡前,都要到禹王庙烧香许愿,艄公们才驾船在汹涌奔腾的激流里,从岩石间箭般穿过,或侥幸穿过三门,或眨眼间在岩头碰得稀烂。当地人说:"店头街(茅津渡)是叫不尽的艄头,哭不完的寡妇。"可见当年禹开三门的艰辛。禹治理沿河流域的大小支流,禹看着滚滚黄水一泻千里,蜿蜿蜒蜒直向东流去。

黄河向东,流经禹的夏墟南边的历山脚下,禹对弃说:"必须疏浚巫咸河和昆吾河,将夏墟和昆吾的洪水引向南流过历山,排入黄河。"弃道:"禹啊!治水也六年了,你从没有回过家,正好趁这路过时,回家看看。"禹说:"工程在节骨眼上,没有时间回去啊!"

一天,禹治水正好路过家门,听见儿子启"哇哇"的哭声,真窥道:"司空大人,你快进屋看看启吧!听他哭得多伤心。"禹道:"眼看山洪要爆发了,那儿顾得上看他。"说完,冲进茫茫雨幕中。

禹对弃说:"联盟境内已无洪水,你可借给百姓们种子,帮他们稼穑。"

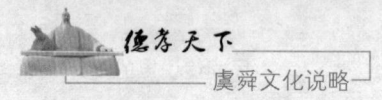

弃说:"好的,我在联盟境内帮助百姓们稼穑。"

禹治河十三年,大功告成。

《竹书纪年·帝尧陶唐氏》:"八十六年,司空入觐,执用玄圭。"

舜在平阳城外举行隆重的欢迎仪式,欢迎治水英雄禹的归来。

舜远远迎上前,道:"可喜!可贺!你治水十三年,开挖了一条几千里长的大河,将我们部落联盟境内的九大陂池洪水排走了。我们部落联盟境内的陶唐之州、孟盈之州、叔得之州、昆吾之州、黑白之州、赤望之州、参卫之州、武夫之州、神民之州,这九州的土地连成一片,可以说九州会同,四方的土地都可以耕种。你是华夏部落联盟的大功臣、大英雄,亘古治水第一人。禹啊!这个玄圭赐给你。"舜将最高贵的玄圭赐给禹执用。

尧经过对舜三年的施政的考察,决定将部落首领之位禅让给舜。虽然驩兜、共工和鲧这"三凶"极力反对,尧仍然决计禅让。舜一再推辞。最终群臣商议,以舜代尧摄政的方式举行禅位。舜代尧摄政后,任用了皋陶、契、"八元"、"八恺"等一批贤人,推行善政,制定五典,施行五刑,放逐"四凶",大胆起用禹治理洪水,使地平天成,天下大治。

第九章　国号虞建都蒲坂

尧卒崩后，舜避尧子于南河之南，而尧子丹朱也避于房地。四方天下都拥戴舜，却没有拥戴丹朱的。于是，舜只好顺从民意，登首领位。

第一节　悲雪飞唐尧殂落

尧做首领一百年，尧已117岁高龄，夏天骤然发病，饮食少进，卧床不起。长子丹朱和各位庶子、娥皇、女英轮流服侍，舜和大臣们随时问候。由于尧年高病重，药石无效，入冬之时，竟然殂落。

这是舜摄政的第28年，众官百姓感戴尧圣德，自行罢市，服丧哀悼，一个个如丧考妣，哀声震野，以至处处可闻悲声。四海之内，蛮夷戎狄之地也都举丧悼念，三年期间四海之内绝尽八音而不复作乐。

舜对尧更是怀念至深，自己身为农夫，困顿于草莽，弃舍于孑然，但尧不论贵贱，将两个女儿嫁给自己，又力排众臣意，不将联盟首领职位传给自己的儿子丹朱，而放逐他，却将天下传给自己。如此对待国事，如此任人唯贤，真是千古罕有。这种大恩大德，永难报答。舜悲恸欲绝，连日来寝食俱

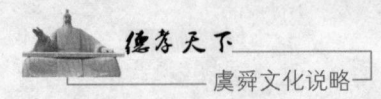

废,几次悲伤过度而晕厥。

舜亲自带领尧诸子、三公四岳、大夫、众士为尧守灵,具三日之内不食,之后也只是略进食稀粥。舜遵从尧简朴的品质,虽首领之丧事,但一切从简。尧仅穿三件衣裳,卧薄棺一副,葬于谷林。

出殡那天,铅云低垂,朔风怒号,雪花飞舞,山河呜咽,天地悲恸,苍天大地一片银装素裹,似乎也在为尧致奠哀悼。舜与群臣悲从心起,哀哭声撕心裂肺,震耳欲聋。此情此景,舜感念尧德,几次晕厥于地,他伏在尧陵前哀哭不起,众大臣也随之号啕大哭。震天的哭声,感天动地,就连禽兽也停步而行,静翅而飞。尧葬后,有双鹤守墓,长唳如哭,哀鸣不止。久久不肯离去。

第二节　避丹朱隐居南河

尧葬后,舜、群臣和尧的儿子们,为尧守丧三年。大家穿着丧服,拿着黑色的竹杖,住在尧陵东墙边的草屋里,睡在草垫上,枕着土块,不吃干饭,喝着稀粥。以示悲痛极致,寄托着哀思。

按当时守制规例,舜与群臣25个月就结束守丧,返回尧都。国不可一日无君,尧葬既毕,当立新君。众大臣对舜说:"请摄政即刻即位。"四方各都都长纷纷呈递表章,拥戴舜即首领位。

舜守丧时,已决意避于丹朱。守丧毕,便不告妻子,悄然出门，先到尧墓前祭悼，倾诉自己的苦衷。然后往南行去，翻越中条山，渡黄河，来到潼关东边的南河，在南河的南边住了下来。临走时，舜留书一封，带着衣装，悄然离去。群臣上朝，见舜留言道："舜是田间一个农夫，蒙知遇恩，临朝摄政，从不敢懈怠，意欲报恩，欲助万民济困。然自古首领位皆传子孙，丹朱已守丧期满，当承正统，望诸臣全力辅佐。舜愿足矣。"

禹、稷、皋陶等见状，十分着急，立刻商议此事，禹说："舜摄政，是尧选定的，众臣拥戴的，其实就是首领。"众臣齐声说："舜是尧选定的继承人，舜当即位。"禹道："我们当务之急，是先找到舜。"一面派人找舜，一面确定朝中大事，暂由禹、稷、契、皋陶共同决断。

丹朱听说舜出走的消息后，非常高兴，便想去朝中登首领位，私下与几位心腹商议后，觉得不能轻举妄动，舜执政近30年，在朝臣中威望极高，诸都长都拥护他，自己怎么能争过他呢？现在朝臣们都在找舜，自己现在到朝里去，不是自找没趣吗？不如自己也避出去，以示禅让，且静观事态发展如何，万一大家真的找不到舜，说不定会派人找我做首领。于是，丹朱也避舜于房陵。

派出找舜的朝臣，分头四下出发，往南的朝臣，在南河见人便问："阁下见没见到一位六旬年纪，个子不高，面皮黝黑的人？"正巧问到舜投宿的邻居，说："我邻居前些天住了一位这样的人。"那人带路，找到了舜，立即派人回尧都平阳报告。

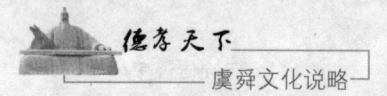

诸臣和四方诸侯纷纷到南河，以首领礼朝觐舜，歌颂舜的功绩，却没有人去房陵朝觐丹朱。四方诸侯再三恳请舜即位，跪地而不起，舜说："天意啊！"天意不可违，只好回到平阳。

第三节　称虞国建都蒲坂

舜返回平阳，众臣和四方都长已为舜即位做好一切准备，并选择己未月元日，就是六月初一日，为吉日，作为舜即位的日子。

舜为了表达对尧的崇敬，对众臣诸位都长的尊重，对民众的信任，他小心翼翼，慎重而严谨，一切遵从礼制而为。预先沐浴斋戒，到了元日，舜穿上首领的法服，乘坐首领的车驾，首先来到尧的文祖庙举行庙告，进行登位大典。当时，尧的国号是唐。舜其祖为虞幕，因为幕封在虞地（今山西省平陆县），就姓了虞，部落名称也称作有虞氏，舜便将国号定为虞，宣布即位，宣布国号。

大典壮观而简朴，韶乐抑扬顿挫，声弦齐和，妙言入天，又加之击石拊石，玉磬声清脆，箫声儿悠扬，琴声动听，君臣百姓庆贺雷动，人声沸腾，整个场面喜乐欢快，肃穆简洁，礼宾有序。

舜即位时，已经62岁。舜摄政时32岁，摄政28年，守丧25个月。舜即位后，仍然在过去的房子里。一天早上，舜早早起床，忽听见院里一棵大合欢树上有雄壮的鸟鸣声，舜抬头一看，一只雄壮的凤凰栖于枝头，引颈长鸣，舜急忙喊出娥皇、女英来观看。只见凤凰站在树梢，雄姿勃发，绚丽的羽毛，闪烁着五彩的光华，时而仰天长鸣，时而跳跃振翅。凤凰出现，是多年不遇的祥瑞。

祥瑞还有许多，那天，乐官夔带着乐队在京郊演乐，竟然跑来许多禽兽，毫不惧人，和着乐律，百兽率舞。

舜院庭阶旁，生长出蓂荚，这是帮助人们计算日历的吉祥草。

一天，房地的都长禀报，景星出现在房地上空，光芒四放，分外炫目。众人云："此乃舜即位首领之天象也。"

舜即位后，碰到第一件事，就是对自己有知遇之恩的尧的儿子如何安置。舜想丹朱既然避于房地，没有回都与自己争首领，说明他自知理亏，应妥善安置，既然丹朱愿意住在房地，就封丹朱在房地做都长，而且给予比过去大了许多的地盘，并允许丹朱在平阳做宾客三年。

舜处理完朝中急事务后，便想起了父母和故乡。君子不忘故旧。过去的一切历历在目，舜摄政28年，国事繁忙，很少见到父母之面，舜萌生了迁都的念头。

舜朝见众臣时说："蒲坂临河面山，西控雍梁，南控豫荆，朕欲迁都于蒲坂，众臣以为如何？"

众臣心里十分明白，蒲坂是舜的故乡，也是舜的有虞氏部落的中心，而舜父母所居的妫汭就在眼皮下面。舜迁都蒲坂，既便治政，又合情理。大家全部赞成。舜立即派工匠前去建造宫室房屋，房屋刚刚建成，舜立即率领群臣，迁都于蒲坂。

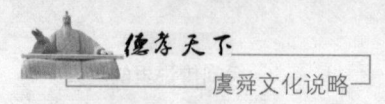

第四节 唯才是举任贤能

舜即位后,建都蒲坂,首先是在尧的基础上,创建完善施政体系,尤其在对官员的任用、职位的设置、施政职能的分工方面进行大胆的创新。据《史记·五帝本纪》记述尧在世时,虽然起用了"禹、皋陶、契、后稷、伯夷、夔、龙、垂、益"等贤人,但只是"皆举用,未分职……"舜上任后,一改旧制,使各位贤人"居官相事",而且设立了具有国家政体雏形的部门。为解决这一重大变革,舜总先征求"四岳"的意见,提出设置水利、农业、政教、刑法、百业、山林、纳言、教育、祭祀等九个部门,然后因职而择人。

舜召集四岳与众臣商议各位贤能分职问题。舜首先问四岳说:"你们看,谁能承担起吾交付的重任,让他总管百官。"四岳说:"伯禹作司空。"舜说:"对啊!此正合吾意!禹,你治平水土,功劳很大,当授此职。"禹揖拜稽首推辞说:"这职位还是让给稷、契和皋陶吧!"舜说:"众人共举,你就担任吧!"

舜对稷说:"弃,民以食为天,解决百姓们衣食是大事,你善播五谷,你当农官,管理农业。"让稷任大司农,百谷时茂。

舜对契说:"契,百姓之间常有不亲和之事,父子兄友间常发生无礼序之嫌,施仁政,德教为天。你当司徒,要敬敷五教,布教四方,教化民众,天下百姓亲和。"

舜说:"皋陶,蛮夷扰疆乱界,抢劫杀人,为害边民。你作士师，主管法刑，施行五刑，扶善惩恶，抑制外患，解决纠纷，以平天下。"平民各服其直。

舜问："谁可以担任工师的职务？"纪金道："垂胜任此职。"舜说："对啊，垂，你作共工。"垂稽首拜辞说："还是让殳斨或者伯与担当此任。"舜说："你作共工，他们俩协助你。"垂就主管百工生产，百业之内百工致功。

舜问四岳："谁可以管理原隰草木鸟兽？"纪金说："益能担当此任。"舜说："行啊，益，你作虞。"益揖拜稽首，要让给朱、虎、熊、罴四人。舜说："你作虞，他们协助你。"于是，益就掌管山泽木林狩猎，使"山泽辟"、"猎有物"。

舜说："四岳啊，掌管天事、地事、人事之礼是件大事，你们说何人最合适呢？"纪金说："伯夷！"舜帝沉思片刻，一挥手说："行啊！伯夷，你作秩宗。掌管郊庙祭祀，要做到早晚寅敬，严谨静洁。"伯夷揖拜稽首，谦让说："此职让于夔、龙吧！"舜说："不必推辞，你勤谨行事就行了。"

舜说："夔，吾命你典乐，主管教育。你要典乐来教导青年，使人民正直温和，宽容坚毅，刚健不虐，简易不傲，以诗言志，咏言如歌，使八音和谐，民风淳厚，教养有素。"

夔说："是！我不仅以教化感化万民，还能做到敲击石磬，让百兽率舞。"舜听后大悦说："这就是达到了神人以和的境界。"

舜说："龙，吾憎恶说谗言的奸佞之人，吾要绝除这些奸人之隙，以防伤害贤者，震怒众人，吾命你作纳言，主管纳谏，传吾之教命，唯以诚信，拒奸人之谗言，以清吾侧，醒吾

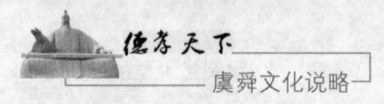

之耳目,以善人断事。"

舜先后选拔的 22 名贤臣都各司其职,辅佐舜主政。为用人慎重,舜经常询问德高望重的四岳的意见,而且还建立考核众官制度,"三年一考功,三考黜陟",三年考绩,三考九年,有功者升赏,无能者黜退。这在尧之前是没有的。舜创立的对官员进行考绩的制度准则,从四千多年前一直延续至今。

第五节　舔目治瞽润父心

舜整天忙于政事,却念念不忘家乡父母。他将重要事务安置妥当后,准备到妫汭看望父母和乡亲。

此时瞽瞍夫妇已八旬高龄,生活虽然安逸,思亲之念却与日俱增。当他们得知舜回家的消息,急忙将出嫁的女儿敤首叫回。舜弟象也早已娶妻,如今儿女满堂。一家人翘首而望,期盼舜归来。

舜风尘仆仆,带众人直奔家乡,当看到那熟悉而又陌生的家门,舜心头不觉一阵高兴,一阵酸痛。一到家门,看见弟象正在门口等候。象一见哥哥,急忙先喊父亲:"爸,我哥到家了。"瞽瞍一听,喜出望外,急忙喊着家人说:"都给我跪下!"瞽瞍和后娘也急忙向舜行起拜礼,舜忙上前,搀住瞽瞍,阻止他行礼,说:"孩儿还没有给爸妈行礼,爸妈为何却先给儿子行此大礼,这不是折杀孩儿吗?孩儿如何消受得起!"

瞽瞍说:"嗳!你与过去不一样了,你现在是首领,是天下人的父母。爸妈虽是你的长辈,却是草民。草民见了首领,哪有不行大礼的道理？咱们家人也不能例外。"说完，继续行拜礼，舜急忙跪在父母面前，瞽瞍急忙拉舜起来，说："孩儿快起来吧！你现在是首领，给你爸行大礼，你爸可消受不起！"

舜说："首领也有父母啊！首领不孝敬父母，天下人又如何孝敬父母。"

舜虽然作了首领，不以首领尊，而孝敬父母，见到瞽瞍，依然恭恭敬敬，和颜悦色，搀扶父亲，徐徐而行。年迈的瞽瞍真正感到了天伦之乐，孝子之福。

舜关切地说："今日看到爸妈的身体安康长寿，兄弟和妹妹日子也过得不错，我也就放心了，就是这多年忙于政事，虽每年都以礼而向，但不能相随相安，儿实感内疚。"

瞽瞍流着泪说："你出生前，我梦见凤凰喂我米吃，你亲娘说，我能享上你的福，真让他说中了。这些年吃穿不缺，全是你供奉的。享福着哪！你爸满足啦，可怜我双眼失明，看不到孩儿面目。我真想看看孩儿做首领的尊容，遗憾啊！真的遗憾哪！"说着拉着舜的双手不放。

舜看着瞽瞍的眼睛，眼睛珠上蒙了一层白翳，眼角粘着许多眼屎。就说："爸，你别动，我把你眼角的眼屎弄掉。"用手弄，怕父亲痛，索性用舌头舔下来，刚舔了两下，瞽瞍道："凉凉的，好舒服哇！"舜听父亲说舒服，就不停地在两个眼珠上来回舔着。瞽瞍却觉得舒爽。舜心想，只要父亲觉得舒适，我就不停舔下去，大约半个时辰，瞽瞍喊道："我看到光啦，眼前发亮。"只见瞽瞍眼珠上那层白翳微露出一点青珠来。舜欣喜万分，又不停地舔起来，虽然舔得口干舌燥，却不停歇。

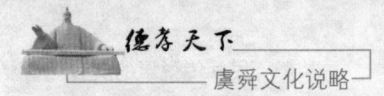

直到瞽瞍喊道："我完全看见东西了。"舜才停了，只见瞽瞍眼珠上的白翳已被舔得干干净净。瞽瞍盯着舜，久久地看着，一把抱住舜，老泪纵横，失声地痛哭起来。

第六节　创国学尊师兴教

尊师兴教是中华民族的传统美德，是国之风，民之礼。

舜即位后，治水患，辟山林，安疆域，慰四方，百谷时茂，百工勤业，太平盛世，人民小康。舜思虑，要使德行天下，必教化民众，教化必须从人之初抓起。

一天，舜朝见群臣，说："过去洪水泛滥，道路不通，民生艰苦。如今治平洪水已经二十年了，家家户户有余粮，生活富裕。然而，饱食暖衣，富足而无教，如同禽兽。近年来，'五常之教'虽然贯彻民间，大众渐渐识礼。但是，吾以为还是要从幼年教起。当今只是由一些有学识之人择地授徒，授业解惑参差不齐，吾意要统一制定授教内容，要在各地办学，扩大规模，使民以授教，众臣以为如何？"

大司徒契说："首领所言极是，此乃当今应做的一件大事。臣以为教授内容中应将孝列为修身科目的内容，孝是天之经地之义，做人首先要有孝行。"

舜道："除了孝外，其次要劝人为善，孩子的头脑里本来没有善和恶的思想，后来受到什么的影响大，就倾向于什么。教导孩子们向善，待他们长大后就能行善举，人和人之间就十分和美了。"

夔道："乐可以陶冶人的性情，应列作一科。"稷道："如今人们都要务农，种田的学识至关重要，可列作一科。"伯夷道："礼是做人的准则，维持人们间的秩序，应列一科。"

舜说："好的教义，必须由好的老师传授，作为师，己正才能正人。此事由契考察选择各学府教书先生。另外，当分年龄和层次办学，先入国之小学，学完后再入国之太学。"

经过认真的筹备，创办了两个学校，一个是小学，专收年龄幼小的儿童；一个是太学，专收年龄长而有小学根底的人。

舜亲自参加了太学的开学典礼，师生们列队欢迎舜。然后，师生们集合在广场上举行典礼仪式，首先向造字的仓颉行大礼，各位师长要让舜和群臣先行礼。舜说："在国学中，各位师长应当为先。吾是治理百姓的，在朝野宗庙，吾为先。各位师长还是为先吧！"各位师长遵舜之言，依次向仓颉行礼，然后是舜和群臣行礼，最后各学生分班依序行礼。舜和各位师长训话，学生们行谒师礼，致乐等仪式依序进行，声势极为隆重。

第七节　养老于庠孝风盛

尊老、敬老、养老乃中华民族之优良传统，此美德兴于舜，盛于舜，舜可谓华夏第一倡导者。

舜十分重视老年人的养老问题，养老就要靠社会和子女，怎样形成风气，怎样成为做子女的自觉行为，舜想了一个办法。他说："学校兴办起来了，教育人们孝悌，不只让人们知道要做什么，还要让人们知道怎样去做，要把学与行一致起来。吾想立一个榜样，让众学子能经常温习体验孝的精神，就是将一些老人养在学校里，让学子们时时孝敬他们，以便从小养成孝敬老人的习性。"

契说："近来臣考察民情，发现有不行孝道之举，仿佛年老之人已经无用似的。臣正在想如何处置这类事，首领所言正解决了臣所虑之事。这样一来，不仅教导了众学子，众人看到将他们的老人养了起来，其实也教育了大众。"

稷说："老者每年所食米粮，臣可从所收的赋税中取出，专门储存在学校中。"

舜接着说："吾以为所收年龄以七十岁为限，凡七十岁以上者，皆养于太学和小学中，此为广之于天下而养，就称庠吧！太学称作上庠，小学称作下庠。"

舜与众臣又商议对老者的分类，第一类是子孙于国有功或子孙死于国事的；第二类是公侯士大夫的老者；第三种是寻常百姓中的老者。前两种属于国老，到太学里养老，后一种在小学养老。这就是古人所称的"有虞氏养国老于上庠，养庶老于下庠。"

又议及老者中要分出等级，年龄最大的要受到最隆重的礼遇，便决定推年纪最高的三人充当"三老"；推年高而事最多的五人充当"五更"。

舜派人到各地访寻老者，共找到二十位老者。一个个白眉皓首，缺齿躬背。舜亲自到太学来，向诸老行礼，设宴相庆。三老南向坐，五更西向坐，其余诸老东向坐，每人设一席，按年纪长幼为序，90岁以上者菜用六豆，80岁以上五豆，70岁以上者四豆。舜亲自给他们一碟一碟端菜,又拿着酒壶,给他们一一斟酒,方才坐下陪饮。

餐罢,稍事休息,传召在学诸子,全都前来参见诸老,同时听诸老训话。百姓们听说举办敬老盛事,纷纷前来观看,并广为传颂,都表示要养好自己家里的老人。

每年秋季都要举行这种养老活动,最终成为一项制度。

第八节　体民情唱南风歌

舜十分喜爱弹琴,从小就喜爱聆听父亲弹奏,喜欢摆弄乐器,尤其是精通琴乐琴道,精研琴器,还不断改进乐器,在五弦琴上又加两弦,成为七弦琴,与五弦琴并列为两种琴器。

舜常与仰延交流琴道,仰延于琴道研究极精,他用舜父瞽瞍弹奏过的琴,改易八弦,制成二十三弦瑟。

舜巡察完董泽,听到安邑(今山西省运城市南)的盐湖产盐颇丰,便决定巡察盐湖。这座百余平方里的盐湖,对于原始社会各部落的发展命运至关重要。盐是百味之王,强壮人的筋骨。而当时人们还没有掌握海盐和井盐生产技术,而河东盐湖的盐自然结晶,所以,哪个部落占领盐湖,哪个部落就发展壮大。传说黄帝与蚩尤战之于中冀,这儿是中央冀州,他们作战目的就是争夺盐湖。黄帝在这儿找到风后,风后为黄帝造指南车,在迷漫的风沙中辨别出方向,擒捉蚩尤,在这儿一处名叫渤澥的地方斩杀蚩尤,蚩尤肢体身首异处,其血化作卤,就形成了解州的盐湖,因为在这儿肢解蚩尤,这儿的地名就称作

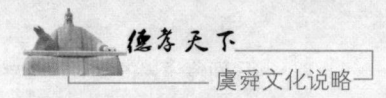

解,这就是解州地名的来历。

解盐,又名潞盐,靠太阳蒸晒,自然结晶,是当时中华各部落的供盐基地。舜自然对这儿的盐业生产极为关心。舜将车马停靠在北岸,带着随从,徒步下岸,来到盐湖边,只见成群的盐工们在盐湖里忙碌,有的用盐板刮盐,有的将成堆的盐装筐,一队队盐工挑着雪白的盐,喊着整齐的"吭哟!吭哟!"的号子声,将盐挑运到高岸上的仓库里。还有的盐工们在产过盐的畦池里放水整堰,等待下一轮的丰产。

盐湖官员急忙上前,向舜禀报盐产情况。舜来到盐工们中间,盐工们见到舜,急忙礼拜。舜问一位年约四旬的盐工道:"你们生活如何?"那盐工道:"托首领洪福,近来南风不断,这个月盐产格外丰收,我们的生活好得很哩!"舜欣喜异常,笑道:"大家都忙吧,不要耽误了生产。"众盐工又都忙碌起来。

舜看到这热火朝天的劳动场面,面对温煦的南风,思潮腾涌,感慨万端。他坐在盐湖岸畔,手抚五弦琴,弹琴歌唱:"南风之薰兮,可以解吾民之愠兮!南风之时兮,可以阜吾民之财兮!"一首《南风歌》罢,众盐工感戴圣德,欢呼雷动,流传千古,成为首领关怀民生的不朽绝唱。后人在舜弹琴的地方建造歌薰楼,今存遗址。

第九节　伶妹聪智巧作画

舜的妹妹敤首自小聪明伶俐,稚儿时,手里总是捏着小木棒在地上随意写画。两岁时,有次竟画了个圆圆的人头,在上面点了两点,是两个眼睛,下面画了个小圆,是嘴。舜问:"敤首在画啥?"敤首稚气地说:"我在画哥哥,嘿嘿!"敤首后来一直坚持作画,所画惟妙惟肖,堪称上品,被后人尊为画祖。

后来,舜在外耕田,每次回到家里,敤首都要为兄长作画,并小心地保存起来,待到舜做了首领,回家看望父母时,敤首给了兄长一卷布帛,让兄长回到宫里再看。舜回去后,打开一看,全是敤首画的自己不同时期的像,初时尚觉画技粗疏,到了后来,竟然惟妙惟肖,与本人无异了。

舜制作礼服时,对禹说:"吾妹敤首画技颇佳,让他为吾衣服作画。"

禹将舜的衣裳送进宫内,敤首听哥哥说让她给衣裳上作画,早已备好画具。将衣裳展开在案上,按所开列内容,在上衣上要画:日、月、星辰、山、龙、雉,共六物。敤首边画边说:"我知道为何在哥哥上衣上画这六样物事。"舜问:"为什么?"敤首说:"哥哥是首领,就是这条龙,雉是二位嫂嫂,龙要住到天上的日、月、星上,山最高,所以要先登上山,才能上了天。"

舜笑答道:"愚兄是首领,但不是要到天上去住,日月星在天上,照临万物,山兴风雨,润泽万物。首领要法于天,像日月星光和雨露一样,万物都要普照润泽,不能有一丁点私心。龙善变化,要随着上天的变化而变化,首领要遵照上天的旨意治天下。雉的羽毛色彩鲜明清晰。首领态度一定要分明,

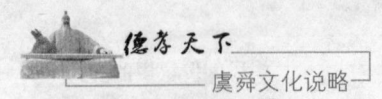

黑是黑，白是白，不可以模棱两可。"

毁首绘完上衣，接着画下裳的藻、火、粉、米、黼、黻，然后与二位嫂嫂将这六物绣出来。毁首边画边说："哥哥用斧子砍水草，点火烧米和面粉做饭吃。"

舜笑道："藻是有文理，火是炎上，粉是洁白，米是养人，黼是斧要能断，黻是两'己'向背，善恶相背。提醒吾要有文理、洁白、向上，养天下人，善于决断，扶善抑恶。"

毁首说："我明白哥哥为什么要画这十二物在衣裳上了，原来哥哥时时提醒自己，要做一个顺天爱民、公正无私的好首领。"

第十节 听谏言胸纳百川

舜为天下长治久安，从不敢懈怠，经常邀集朝臣们讨论治理天下的道理，听取他们的卓识与主见，以聪己耳，明己脑，严己行。

在一次议讨时，舜对禹说："你说说我如何做好首领之事？"

禹说："首领啊！我只是想每天努力处理好政事。而首领应该谨慎首领所处的地位。"

舜说："对啊，你说如何谨慎首领位啊！"

禹说："要谨慎首领位，应先安定首领的心意，好恶所止，深深思考事情的细微大小来保安首领身。辅弼之臣一定要用正直的人，果真能如此，只要首领一声令下，普天下都会响应,来追随首领的旨意。从而表明是上天郑重地让首领使用美道啊!"

舜说:"是啊,君臣道近,君臣道近啊!"

禹说:"对啊。"

舜说:"我想帮助我的人民都富裕而知礼义,你要辅佐我;我想用六律和声音观察国事是否治理,你要为我察听审理;我要推行仁、义、理、智、信五德之言施于民以达到教化,你要为我实施。我违道,你应当以义辅正我,不要当面顺从我的违道,退去后却说我违道之处。左右近臣要督促他们敬行其职,那些顽愚谗说之人,如果行为不轨,要明察他们,不贤的人不能参加射侯(箭)之礼,以明示善恶的劝教。鞭打不是者并让他们记住过错,用刑书写他们的罪状,使其悔改,获得新生。乐官当诵诗以纳谏,好的要称颂宣扬,天下的人能用道的就用他担任官职,不从教的要惩罚他们。"

禹说:"好啊!普天之下,至于四海众民,各都的众贤,都是首领的臣子,首领当善于举用他们,根据其言论广泛接纳他们,根据其言其行考察他们,根据功绩大小来行赏,赐他们车马礼服,以表其功。这样,谁敢不让有德贤人!谁敢不遵从首领命来崇敬善良的人!首领用臣如不区别善恶,使良莠混杂,虽天天进用人,也会徒劳无功。比如像丹朱那样的人傲慢无知,只知淫逸享乐,傲戏为虐,成天作恶不止,无水而陆地行舟,群朋淫于家,因此他断绝了继承首领位的资格。我为他的行为感到悲伤。我娶了涂山氏的女儿,结婚四天就治水去了,其后过门而不入,听见儿子启呱呱地啼哭,我顾不上去慈

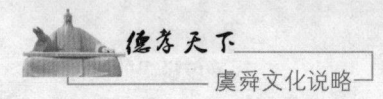

爱他，只是忙于治理水土之事。我重新划定五种服役地带，治水时抽调每都各3000人，各都轮流替换，直到大海边地，每五个都设立一个长，各都长皆尽其职，只有三苗顽抗，不服从治水役事，首领要为这事忧虑啊！"

舜说："宣扬我们的德教，顺势行事，三苗定会顺从。"

第十一节　成九韶传世佳音

舜深悟乐理之道，他把乐理与治政之理融为一体，他告诉当时掌管的大臣夔说："你掌管典乐，就是要用诗乐启迪青年，用典乐教化大众。在宗庙中演乐，君臣上下共同听，让知祖而敬，他们无不和睦；在族党乡里演乐，让老人孩子们共同听，让他们共享天伦之乐而老幼和顺；在家庭里演乐，父子兄弟共同听，让他们知天下亲情而永远和亲。所以说，乐可以感人，能成忠、和、祗、庸、孝、友六德啊。"

夔道："臣谨遵首领命，臣一定要使诸音成为和谐万民之曲，令百兽相率而舞之乐。"

夔与质等乐师们苦思竭虑，认真研习，效山林溪谷之音以歌，以麋鞈置缶而鼓，拊石击石，以像天帝玉磬之音，创造出绝美动听的《箫韶》。据说，春秋时，孔子在齐国听了《箫韶》，三个月不知肉味，赞道："没想到制乐竟尽善尽美到如此程度。"

蒲坂南面的雷首山，树木葱郁，风景秀丽。乐正夔在雷首山中劈出演乐场地，君臣既可以观山景，又可以听山壁回音的乐声，乐声与自然和谐合一，效果可达到美不胜收的境界。

夔经细心准备，请舜和众臣前往雷首山听乐。作为虞宾的丹朱居于臣位，和各位都长礼让于演乐场，大家都想聆听优美动听的《箫韶》。

夔担任总指挥发出号令："敲起玉磬，擂起搏拊，弹起琴瑟，唱起歌来吧！"

击柷的声音，有节奏的缓缓而起，继之，击磬声、钟鼓声、琴箫声和谐地演奏起来。乐工们吹的吹，弹的弹，敲的敲，鼓的鼓。只闻听玉磬声、笙管声、琴瑟声、钟鼓声、歌咏诗章声，此起彼落，乐音和谐，悦耳动听。时而清脆如珠落玉盘，时而悠扬如莺啼婉转，时而雄浑如万马奔腾，时而壮美如海潮涛涌。舜平心静气，凝神专注，心潮随着乐声跌宕起伏。他既欣赏愉悦美妙的乐章，又试图从乐声中寻找不足和瑕疵。仔细听来，乐声宛如行云流水，一气呵成，大势疾走，如风如雷如云如雨，似江似河似浪似滔，居然妙不可言。众臣与都长都听得如痴如醉。刚刚听到四成，山林里跑来许多飞禽走兽，在乐队旁的空地应拍起舞，步履和弦，扭姿应韵。几只凤凰也来率舞而极有仪容。君臣大感诧异，人乐合一，人兽合一，天人合一，高尚的乐将整个世界凝溶成高度完美的统一体。

随着击敔声响起，九成的《箫韶》之乐戛然而止。依然余音萦绕，君臣都沉浸在美妙的乐音之中，禽兽也都兴犹未尽，一只只昂头探脑，向乐队窥看过去，丝毫没有惧人之色。君臣齐赞《箫韶》尽善尽美，因乐九成，故又名《九韶》。

舜听《箫韶》后十分高兴，也即兴作歌，高唱："作首领

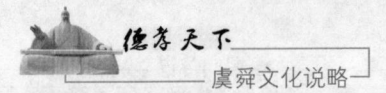

的要做明君啊！作臣子的要做忠良啊！民众的事要做好啊！"舜以歌自勉，以歌训臣，以歌激民，把演奏《韶》乐推向高潮和陶冶人们美德的意境。

第十二节　访道丞语不投机

舜少年拜师务成时，对道就有所悟，助尧摄政和即首领位后不断研习，对道有很深的见解。在古代，道是一种高深的学问，学得好，可以知天地，肩大任，学得不好，会误入歧途。因此，古人说："道给予接舆，成为狂妄；道给予尧舜，成为智慧。"

舜为取百家之长，常随道问师。舜听说有一位得道高士，名字叫丞，便专程访丞，研讨道的奥秘。舜带着从人，向东北进发，一路跋山涉水，终于来到了丞的居所。丞年约四旬，衣着古朴，貌若炼丹修气之士。

舜问："汝学道否？"丞道："常常研习。"舜问："汝意天下有道否？"丞道："天下有道，方有天下；天下无道，何来天下？！"舜问："道果为何物？"丞道："道无形无味，来无影，去无踪，不可触，不可摸，吾不知其为何物也。"舜问："道可以得到而拥有吗？"丞瞪大眼睛瞧着舜说："你的身体，你的一切，都不是你所有的，你从那里想得到而拥有道呢？"舜问："我的身体，并非我所拥有，那又是谁拥有他呢？"丞道："天下的万事万物，所有的一切东西，都是体现天之道，并不属谁有。你非你有，是天地借你表现完美；你的生命非你有，是天地借你表现顺序；你的孙子非你有，是天地借你表现蜕壳。你走不知走何处，住不知住何地，吃不知吃何物，天地是极强的阳气，谁能得到！"

舜从中解其理，自有自知之明。舜得其意，反其思。舜从来认为，万物皆有道，道为根本。道覆天盖地，包罗万象。道生天地之先，道生天地万物，为万物母，因之循之，可为永则，为之天道。王道，则非道无由，动而同之，妙用无穷，昏王背道，明王须臾不离道。因而，舜一直赞赏做首领的必须同之以道，周之以道，备之以道，合之以道，行之以道。

舜与丞边谈边思考，他看着面前这位高人，听其谈论，思己所会，觉得丞谈道也有其之妙处，如吸纳此人，倒可广扬道说，便十分恭敬地对丞说："请你到朝中来，吾委任你一个官职，专门研习道，为众臣民宣讲。"丞道："谢首领的一番好意，吾自来闲散，不喜做官，况道，有缘方识，无缘，灌而不入。天人行事，顺其自然而已。"

舜仔细观察丞，年虽不老，孤独苍貌，其居住与世人远离，其行孤傲，其所研习之道与治国之道甚远，便恭谨地告辞而去。

第十三节　虔诚心郊祀天帝

舜敬天爱民，为祈求上苍保佑，安民保国，每年都要举行隆重的祭天仪式。

祭坛设在国都南郊的神庙里，祭天以日神为主，配享各神，舜的先祖中，虞幕是地方诸侯，至首领位的是黄帝和颛顼。于是，舜对管祭礼的伯夷说："今后祭祀，当禘黄帝而郊喾，祖颛顼而宗尧。"舜虽非尧之后，因为受尧禅而即首领位，所以，舜将尧也作祖祭祀。

祭祀之前，从宫中到神庙，沿途各处洒水清扫，用新土铺垫道路，器物用无雕饰的陶匏瓦器，以象征天地的自然本性。祭牲用黄赤色牛，预先在干净的牛牢饲养三个月，并先在文祖庙龟卜，决定好祭祀的日子。舜和众臣预先都斋戒沐浴。

郊祭那天，舜半夜即起，穿上黻首所画有日月星辰等图案的衣裳，头戴冕旒，垂下十二旒玉璪，取法一周天有十二个月。乘坐没有雕饰的辂车。到了郊外，时值五更，沿途有乡民们在田头设烛照路，四周飘扬着十二旒的旗帜，用龙纹和日月为图案。圣人郊法于天，以郊祭显示天道。

舜率群臣和各位都长走进祭场，祭礼依仪而行。奏乐声顿起，玉磬声清清脆脆，笙管声悠悠扬扬，钟鼓声铿铿锵锵，八音和谐，歌声优美动听，舞者翩翩而起，颂天诗诵抑扬顿挫，场面肃穆壮重，气氛沉稳威严。

舜祭天献爵，随从的群臣揖礼相让，各执事官员严谨恭敬，各项仪程有条不紊。舜君臣向天行礼，所有之人竭恭毕敬，毫不敢懈怠失态。就连周围观看的成千上万的百姓们，也全都屏声息气，不闻喧哗言谈之声。

献牲开始，祭坛中央的大镬下烈焰升腾，刹时大镬里沸汤翻滚。舜缓步上前，将祭牲恭恭敬敬浸在汤里，牺牲顿成祭品，天帝庶几可享。祭祀未毕，韶乐正浓，天色也大明，不知从何处飞来几只凤凰，栖于祭坛旁的大树上，长鸣如歌，悦耳动听，竟与韶乐应拍合节。

围观的百姓们见凤凰飞临，纷纷赞颂舜的盛德。乃至祭礼完毕，依然谈讲不息，久久不散。

第十四节　谋策略恭听采纳

舜治天下，左右臂是禹和皋陶，此二人曾与舜同佐尧，本是知友。舜为首领之后，两人感激舜知遇之恩，慕舜德之望，殚精竭虑，为舜谋治国大计，出安民之策。一日，舜问及禹和皋陶首领之德如何实行。皋陶说："首领当信行古人之德，谋广聪明以辅谐其政。"

禹说："汝言之得当，那首领如何去做呢？"

皋陶说："首先要提高自身道德修养，崇奉而推行于九族，这样众人都明其教，各自勉励服从首领的命令，由近而推及远者。"

禹说："正是此道理。"

皋陶说："首领行此道，在于知人善恶，择善而信任之；在于能安下民，为政以安定人民啊！"

禹说："的确如此，当年尧也知道知人安民是很难的。知人善恶，则为大智，能用官，得其人呀。能安下民，则为惠政，众民都归附啊。如果尧能哲而惠，当朝就不会有奸佞之人，何须忧惧驩兜之佞，何须迁徙有苗之君，何须畏惧于巧言令色的孔壬？"

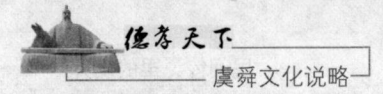

皋陶说："人性行有九德，通过考察，真伪就可以知道。"

禹说："何为九德品行？"

皋陶说："宽宏而能庄栗，和柔而能立事，谨厚而能严恭，有治而能谨敬，驯顺而能刚毅，正直而能温和，简大而能廉隅，刚断而能实塞，坚强而能仁义。明九德之常，择其人而任官，则政之善啊！如果能日日布行三德，早晚思念而明行之，可以为卿大夫。如能日日严敬其身，敬行六德，以信治政事，可以为都长。能合三六之德而用之，以布施政教，使九德之人都得以用事，首领如果能如此，则天下俊德治能之士都在官了。百官遵法度，百工抚顺五行之时，所有的任务都能完成。不为逸豫贪欲之教，是有国者经常考虑的要事。首领要兢兢业业，一天二天间，会有万种几微之事，当立官来佐己。官则为天官，人代天治之，不可以天之官而用非其人。典礼德刑都从天而出，所以人君为政，以五常之教教导人民，以五等诸侯管理天下，以九德之人居官，以五刑治理有罪之人。天因民而降福，民所归者天命之。天视听首领之行，用民为聪明。天明可畏，也是用民成其威。民所叛者讨之，是天明可畏之效啊！天所赏罚，唯善恶所在，不避贵贱。有土之首领，不可不敬惧。"

舜说："二位所谋划，很好，极好。吾一定慎思之，推行之。"

第十五节　歌言志功归股肱

一天，舜和众臣听夔的乐队演乐，韶乐演完，大家兴犹未尽，都想试作歌合乐唱之，于是推首领先唱，舜略加思考，便唱道：

首领奉正天命以临下民啊！
惟当在于顺时在于慎微啊！

大家拍手赞好，又纷纷说道，这些年各项事业兴旺发达，全靠首领深谋筹划，敬天爱民，用贤勤政所致。

舜听赞言回歌答道：

股肱之臣喜乐尽忠哉！
元首之君政化乃起哉！
百官事业乃得广大哉！

舜的歌词是赞美众臣尽职尽忠，从而使百业兴起，百官之业广大，功劳应记在众臣身上。舜的平易近人，谦虚谨慎，不贪首领功之风度，感动在场众臣。

皋陶拜手稽首，大声快言道："首领当念念不忘啊！率领臣下起兴政治事业，慎守首领法度，敬慎首领职事，当顾省己之成功，而谨慎谦恭，行事到底啊！"

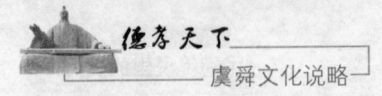

于是,皋陶续舜未完的歌唱道:

会是元首之君能明哉!
则股肱之臣乃善哉!
众事皆得安宁哉!

皋陶见舜作歌归美股肱,其义未足。非君之明,为臣不能尽力,所以,只言臣功则义不足。皋陶知舜不愿歌已功是出于谦虚,所以作歌赞美只有君能明,臣才能善,万事才能安宁。

皋陶又歌道:

元首之君丛脞细碎哉!
则股肱之臣懈怠缓慢哉!
众事悉皆堕废哉!

皋陶先言其美,又戒其恶,告诫舜,做首领要抓大事,不要陷入鸡毛蒜皮小事圈里,首领一旦细碎小事也亲自过问,股肱之臣就会无事而懈怠,万事也都会废毁。

君臣欢歌,以歌言政,言政之得失由君而生。舜拜而受之,说:"我们应是君臣共勉啊!你们自今已往,要更加各敬其职事也。"

第十六节　欲让贤石户遁海

舜有禹和皋陶辅佐，百业兴旺，人民安康，天下太平。但舜仍觉得一些贤者遗落民间甚为可惜，总想将他们召到朝中施展才华，尤其是舜相识的一些大贤，总想将首领位让给他们。于是寻访民间贤者。

一日，忽然想起昔日相识石户农，住在负夏附近一座山上的石洞里，便带着随从，前往拜访。石户农却不在家，家中用具简陋，其妻不认识舜，问："你们找他做啥？"舜道："我们过去相识的，今来看望他。"其妻出了山洞，指着山脚下一块田地里的两个人说："你看那！就在那儿整田。"说完，张大嗓门喊："快回家哟，有人找你。"并向那两人招手示意。舜急忙拦住说："别喊他们回来啦，我去田间找他。"

舜沿山道来到那块地头，石户农带着一位少年正在整治田地，准备播种。石户农抬头看见舜，忙放下手中农具，与舜坐在田头攀谈起来。石户农蓄起了胡子，显得比过去苍老。舜问道："贤弟近来可好？"石户农道："日出而作，日落而息，不问闲事，悠然自在。"又手指身旁少年说："此乃吾之子也。"少年看去精干聪明，忙向舜行礼问好。舜劝石户农到朝中去，施展其才华。非常恳切地说："吾已操劳多年政事，恳邀弟到朝中来，兄愿将这首领之位让给贤弟，望弟千万不要推辞。"石户农沉思道："此事关系重大，容吾仔细考虑，兄后日来时即作决断。"又闲话片时，舜即与从人返回驿馆。

隔了一日,舜再次到石户农家中,石洞里却空无一人。舜寻找附近农人,问:"石户农去了什么地方?"那农人说:"昨日带着妻子和儿子往东去了,只说入海而终身不返。"舜问:"他还说什么了?"那农人说:"他匆匆而去,边走边说:'舜要让首领予我,舜啊!倦倦乎后之为人也,葆力之士也。我又怎能承他让,去做什么首领呢!舜啊!你就竭尽首领之责吧!'"舜闻言,嗟叹而去。

第十七节　求赐教善卷激言

舜曾经到达霍山(今山西省霍州市境内),舜问同行的益道:"朕听说善卷先生就住在附近,汝可知在何处?"益道:"臣考察山林,听说过善卷,是一位很老的先生,就在前面那座山上。"舜道:"先首领在世时,曾访过善卷先生,很钦佩先生的才学。咱们今天访访这位善卷先生。"

君臣一路打听,问清了善卷先生的住地,转过山脚,溪水潺潺,溪旁翠竹簌簌,小径通幽,走至半山,溪旁地势开阔平坦,露出茅屋一角,茅屋四周绿树掩映,景色秀丽。君臣数人走向茅屋,只见一老者坐在茅屋前,双目微闭,左手手指相递张合,仿佛在计算什么数字。老者听到脚步声,睁开双眼,看到舜及众臣,站起身。舜上前施礼,老者还礼,问:"诸位莫非从蒲坂而来,不知找善卷何事?"舜喜道:"先生怎知吾等从蒲坂而来?吾乃虞重华,曾听唐尧在世时谈起过先生,今日吾等专程登门拜访。"善卷急忙再拜礼道:"吾已知这几日有贵人到来，却不知首领驾到，未曾预先迎驾，有罪！有罪！"边说边让舜君臣坐在茅屋前，并端茶置于几上，让舜君臣饮用。

舜道："唐尧曾谈到先生才学渊博，实令人钦佩。"善卷道："老夫些微才学，何足挂齿，平时倒愿尽绵力，教导些乡民村夫。这儿的人倒很喜欢老夫哩。"舜道："请先生对当今治天下能予赐教。"善卷道："昔唐尧君临天下，不赏而民劝，无刑而天下治。今首领行衣裳之治，炫民眼目，生造等级，又以五刑压民，乐音乱民耳，恐天下从此而乱起。"

舜闻言，诚惶诚恐，想到五刑、乐音和衣裳均因势而施之，无刑何以治罪民？无乐何以教民识礼义？转念又想，唐尧不教而民从之，莫非自己的德没有至大吗？便恳切地对善卷说："吾才薄德浅，愿将首领位让与先生，先生千万不可推却。"

善卷正色道："我立于宇宙之中，冬天衣皮毛，夏天衣葛衣；春耕种，身体还可以劳动；秋收敛，还能将庄稼收回去。日出而作，日落而息，逍遥于天地之间，而心意自得，吾为何要做首领操心劳神治天下啊！可悲啊，你根本不了解我。"

舜虽被善卷直言而拒，但觉得他所言值得自己反思，自己所倡之事，应更加慎行，舜与老先生又交谈片刻，便以礼告辞而去。

第十八节　三访贤支伯不受

舜又拜访了大贤子州支伯，舜向子州支伯表达渴慕之情，并以天下相让。子州支伯咳着说:"我患有幽忧之病,正在治疗,没有时间治理天下。"任舜再三相让,子州只是不受,舜只好作罢。舜返回途中,心情闷闷不乐,对益说:"吾一路延请这些大贤,且以首领位相让,不是遭到拒绝,便是逃去,难道吾的态度还不诚吗?"益道:"不是首领的态度不诚,而是这些大贤们肥遁放逸,超脱逍遥,清心寡欲,归隐林下,立志避世,不愿意费心劳神地治天下。虽有经邦纬国之才,不去施展,有贤何能呢!不过人各有志,不可勉强,贤者不能,坐而论道,其不误国,你不必忧虑!"舜道:"汝所言亦有道理,吾总想将贤者全都召到朝中来。"益道:"其实朝中的大贤也已不少呢,比如大司空、大司徒、大司农等人,还有伯夷、垂、夔等等,才学不仅出众,又能身体力行,是首领之大幸也!"舜道:"是啊,汝父皋陶就是难得的大才。多少年他们为吾治好天下,出力不少。"

舜正谈着话,忽见一人挑着行李迎面而来,待近前一看,原来是北人无择,舜喊道:"北人兄,几十年不见,一切尚好吗?今又匆忙何往?"北人无择一瞧是舜,竟不上前,躲避而行。舜数十年没见过北人无择,一旦相遇,岂能让他走脱,急忙赶上前拦住道:"北人兄为何躲避仲华,这些年兄在何处?"北人无择只好歇下担子,道:"并没有居所,总是东奔西跑,身体倒也健壮。"舜道:"弟数十年来,无日不渴望天下的贤才都进朝中,治国为民,以大治天下。今虽居首领位,深感力不胜任,兄才华超群,弟愿以首领位相让。"北人无择面颜红赤,愠色道:"你本居畎亩之中,却要入尧之门,先做官,后做首领。你做你的首领去吧，我还是做我的百姓。"边说边挑起担子匆匆前行，任舜在身后怎样呼唤，头也不回，急急前行。据说后来投清冷之渊而死。

第十九节　都遇五老妙论道

舜担任首领十年，有五老游于国都，须发皆白，其貌不凡。舜闻讯，邀之朝中，日夕与五老相谈，舜以师道尊之，五老言则及造化之始。

舜问："天地如何生之？"一老道："道始生，宇宙混沌如鸡子，无天，无地，无万物。轻者上升为天，浊者下降为地，天地始生，而后生山川万物。"一老道："道生于天地先，先有道，而后有天地万物，故道最大，万物沿道循环而无穷。"舜问："天既有道，首领行道如何？"一老道："人之行有道则吉，吉而百福临；人之行无道则凶，凶而百祸临。"一老接着道："地薄大物不生，水浅大鱼不来。首领行道德必盛，德盛百贤来，百贤毕集邦昌盛；首领无道德必衰，德衰百贤避，百贤避而邦必亡。"一老道："道德之首领必行道，暴虐之首领必背道。道德彰显民拥戴，道德衰微民心背。道，沿其轨而运行，不因识道而有道，不因不识道而无道。故首领当行道，切不可背道。"舜问："五老从何而来？"一老道："吾等从道而来。"一老道："吾等从天而来。"一老道："吾等从古而来。"一老道："吾等从东南而来。"一老道："吾等从山而来。"舜略加思索道："五老从五老峰而来。"五老笑而不答。

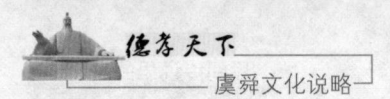

蒲坂东南的五老峰，传为五老隐居之地。五座主峰直插云表，远望如五位彬彬有礼的老人礼宾列坐，侃侃谈道，因五老在此山修成正果，故称五老峰。

舜十分仰慕五老之道，在其离蒲坂之后又去五老峰寻踪，舜与从人寻找多日，仍不见踪影，舜便为五老建五星之祠，纪念五老。当天晚上，有星在天空长时间出现，光芒耀眼，薰风四起，五星连珠，月亮合璧，祥应尽显。

后人仰慕五老之名，在山建造道观，几千年香火不衰，一直为道教名山。张果老、吕洞宾、韩终、罗通微、侯道华等道教真人，皆仰慕五老之名，在五老峰修成正果。道家有七十二洞天福地，五老峰为第五十二福地，亦应是舜拜道访贤之圣地。

第二十节　善行职事皆为民

一天，舜与众臣谈兴邦治国之道并勉诫。

禹说："首领能知道做首领的艰难，臣知道尽臣职的不易，政事就能够治理，众民都能化而躬行德教。"

舜说："对啊！如果真是这样，首领与众臣都能知尽职的艰难，并善行职事，则下之善言无所隐伏，在野无遗逸之贤，贤人尽用，万国尽都安宁。为人上者考于众言，舍己之非而从人之是，不苛虐鳏寡孤独无告之人，不废弃困苦贫穷无所依者，只有尧才能做得到。"

伯益说："正是这样啊！尧之德广大而行远，圣明而无所不通，神灵而微妙无穷。武能克定祸乱，文能经纬天地。以此为上天顾念，使他尽有四海之内，为天下之君。"

禹说："顺道则吉，从逆则凶，吉凶之报如同影子随着形体，响之应声一样，没有不报应的。"

伯益说："对呀，所以我们要诚慎警戒啊！首领啊，你要防备心里没有预料到的事情，不要违犯法度使行必有恒，不要游纵于逸豫，不要放恣于戏乐。任用贤人不要有二心，逐去回邪不要疑惑，有疑问的建议不要采用，考虑问题思路应当开阔。不要违背正道以求得百姓的称赞，不要违背百姓的意愿来满足自己的欲望，不要怠惰，不要荒废，四夷之邦都会前来归附而朝觐首领。"

禹说："啊！首领要好好想想益所说的话，所谓有德是推行善政，政事根本在于养民，养民要使水、火、金、木、土、谷这六事修治好；端正人们德行、便利人们物用、丰富人们生活，这三件事应当和谐完好。修和六府三事，九者就会有成就，九件事有序地办好了，就可以歌颂首领的德政了。这都是善政之道，终当不可以怠惰。要用美道劝诫众人，使民慕美道行善；要用严峻的刑罚督察众人，使不善当获罪；要用九歌劝勉众人，使善政没有败坏之时。"

舜对禹说："你说的很好！你治水土使地平天成，六府三事全都得到治理，千秋万代永享其利，这都是你的功劳。"

君臣相互勉诫，深知各自尽职的艰难，纷纷表示要修和六府三事，要顺道行事，关心百姓，绝不逸豫，推行善政。严于律己，恪尽职守，为民尽瘁。

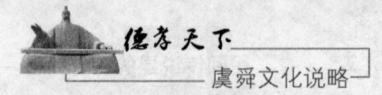

舜担任部落联盟首领后,视察盐湖,作《南风歌》,关爱民生;分官任职,不下席而天下治;养老于庠,敬老爱老;询问众臣治邦良策,以乐教育民众,使人人知礼,华夏成为礼仪之邦。

第十章　禅大位卒于鸣条

舜与百官歌卿云，而舜知进退，决心禅让于禹，于是将儿子义均安置在虞地，然后举行禅让，让禹总管朝政，自己退位后，居于鸣条，最后也卒葬于鸣条岗，即今鸣条岗舜帝陵。

第一节　卿云咏志知进退

舜十四年的一天，君臣奏乐而歌。乐声正浓，钟石笙管还没有停下来。突然，天降大雷雨，疾风从屋顶呼啸而过，树木连根拔起，钟鼓遍地翻滚，急得乐正弯腰狂走，捡钟拾鼓。舜击磬持衡而笑道："很明白啊！天下非一人之天下啊，这是上天告诫，表现在钟石笙管上面啊！"

舜说完，祝告于天，道："虞舜居首领位多年，今年迈体衰。大司空禹治水有功，抚民有德，吾欲将首领位让予司空禹，如见允于天，可令雷歇雨收。"舜刚刚祝完，登时雷歇天霁，和气普应，卿云升起在天空，若烟非烟，若云非云，郁郁纷纷，萧索轮囷。百官见状，相和而歌卿云。

舜首先唱道：

卿云灿烂在天空啊，

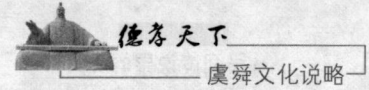

> 萦回舒卷多么美妙,
> 日月的光华啊,
> 光明又复光明啊!

群臣咸进,顿首唱道:

> 明智聪察的上天,
> 灿烂的繁星遍布,
> 太阳月亮的光华,
> 含弘光大于首领一人。

舜再歌道:

> 日月有升降有常规啊,
> 星辰有运行有规则啊,
> 四时交替循常道啊,
> 如此万姓才允诚啊,
> 悦耳动听的音乐啊,
> 合上天之意啊!
> 天下易位给圣贤,
> 万民无不听从。
> 演奏起《饕哉》的鼓乐,
> 轩轩然地舞起来吧。
> 我毕生精华已衰竭,
> 揭起衣裳悄然离去。

于是，八方和风徇通，卿云丛聚，蟠龙奋迅在其藏身的地方，蛟鱼踊跃在其深渊中，龟鳖也爬出它的洞穴，都在为迁虞而事夏兴奋高兴。

舜设坛场于黄河岸边，按照尧的旧例，待到太阳升至正中，五色云气从河中映出，祥光四照，有黄龙负图从河中出来，图长三十二尺，广九尺，将图放于坛场，写着红色的大字："当禅禹"。舜便将朝中大事全部委托禹决断，意欲交接首领权力。

第二节　义均不才放于虞

舜与娥皇、女英结婚后，娥皇一直未育，女英生有一子一女，子为长子，名叫义均。义均自小聪明伶俐，深得娥皇喜爱。舜虽是圣君，英明睿智，他由于日理万机，忙于国事，很少过问义均的生活与成长。加之自小被母后娇惯，特别是娥皇膝下无子，对义均更是溺爱有加，比亲娘女英还要过之而无不及。使义均自幼养成了游手好闲、放荡无束的不良习气。整日交结一些富贵公子，与一些民间的歌女们厮混在一起，整天唱歌舞蹈，胸中毫无大志，从不谋治国之事，不虑民生之计，只知戏玩。

义均自知父亲对自己要求极严，就避舜而为，常常钻在城外的历山脚下，或者是黄河岸畔。一天早朝，益奏道："臣在历山脚下的囿园已建成，豢养各种禽兽许多，请首领前去巡察。"舜视朝完毕，与众臣前去囿园，途经一片小树林，远远看见林中多人，一班年轻人奏乐的奏乐，唱的唱，舞的舞。近前一看，领头的竟是义均，舜停车，叫过义均，怒责多时。舜问义均："你是否整天只知歌舞？"义均答道："孩儿喜欢歌舞，是以常常歌舞。"舜怒道："你不习道德礼义，不习治邦的道理，只知歌舞度日，成何体统！从今日起，你不许踏出宫门一步，给我潜心习礼。"

舜回宫后，责问娥皇和女英说："你二人只知纵惯义均，弄得他除了歌舞，啥都不会。"娥皇反驳说："歌舞有什么不好，你还让夔演习乐舞呢！"舜道："演乐当然是好事，把歌舞作为放荡，把音乐作为放纵，而不守规，求乐舞何用！"女英道："你也和父亲一样，总是瞧着自己的儿子不顺眼。"义均在二位母后的袒护下，照旧歌舞不休。

舜多次责教于义均，义均口是心非，毫无收敛，舜想到了尧对丹朱的处置办法。只有将义均放到外地，让他自知其咎，也让众臣国人知其今后不配继首领位，免得到时，众人因感己恩而荐义均，岂不误国误民。

舜决定将首领位禅让给禹后，就决定将义均放到外地，但却遭到娥皇和女英的坚决反对。舜耐心向娥皇和女英讲明大义，娥皇、女英深感难为，舜一直思前想后，至舜二十九年，舜觉得此事关乎部落联盟必须当决，再不能拖延，于是将义均放于虞。

《平阳府志·帝王》曰："虞商均：舜之子也。皇甫谧曰：女英生商均。或云舜封子均于商，号商均。或又云夏封舜之子商均于虞，在今临晋县之虞乡。"临晋县即今山西省临猗县临晋镇，过去曾经有县级建制。虞乡即舜居的妫汭之地，居蒲坂约 30 公里，是本部落境内，当以为宜。

第三节　选大贤夏禹摄政

舜三十二年冬，舜临朝，与众臣商议禅让之事。舜首先向禹说："禹啊！我居首领位已经三十三年，年高之人精神不足，影响勤勉，你在官从不懈怠，可代我居首领位，庇护我的士民。"

禹辞让说："我的德行不能胜此大任，百姓不会依从我，皋陶勤勉推行德政，使德教普及于民，民心归服他。首领要考虑啊！时刻思考德教的是皋陶，不懈宣扬德教的是皋陶，经常赞颂德教的是皋陶，努力推行德教的还是皋陶。首领千万不要忘记他的功劳。"

舜说："皋陶，群臣百姓，没有人敢亵渎我的政教，你做士官，精通五刑，以辅助五常之教，你辅佐我治道，用刑是为了今后不再使用刑罚，以杀止杀，使百姓遵从正道，这是你的功劳，应该受到嘉勉。"

皋陶说："首领的德行纯善完美，待臣下简易不烦，统御百姓优宽不苛，惩罚不株连后代，赏赐却延及子孙。宽宥误犯过失，不论罪多大都能恕免，明知故犯的罪过，不论罪多小都要惩罚。罪有可疑，虽重也从轻处罚；功有可疑，虽轻也从重赏赐。与其枉杀无罪的人，宁可妄免不守正道的人。首领爱惜生灵的美德，已深入民心，民服首领之德，因此不冒犯官吏。"

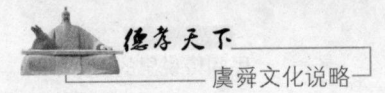

舜说:"你帮我全面治理国家,并得到四方百姓的呼应,这是你的美德。"

舜又说:"禹啊!天降洪水警告于我,你能成就声教业绩,完成治水大业,只有你贤;你能勤劳国事,节俭持家,不自满自大,只有你贤。你不自持矜夸,所以天下没有人敢与你争能;你不夸耀自己的功绩,所以天下没有人敢与你争功。我赞美你的大德,褒奖你的大功,上天的大命落到你身上,你终当升此大君之位。如今人心之险恶,道心之幽微,险恶民难安,只有精诚专一,实实在在的实行中正之道。没有根据的话不要相信,没有征询过众人意见的主意不要采用。百姓所爱戴的不是君王吗?君王所畏惧的不是百姓吗?君王失去百姓,靠谁去守卫邦国。你要谨慎啊,谨慎你所有的大位,恭敬地从事你所愿从事的事业,养育四海穷困之民,使他们都能生存生活,天赐的禄位就会长存你身啊。你要明白啊!金口难开啊!也可能说出好事,也可能引来祸殃,没有深思熟虑不能出口,我也就不必要说那么多了。"

禹道:"请首领卜卦以占功臣,择吉授之。"

舜说:"禹!卜官之占,先定志向,然后告之大龟。我授你之志先已定好,征询众人的意见都是相同的,我后谋及鬼神,鬼神会依从我意,卜筮也会协从,卜筮不得因前吉再卜不顺而复卜。"

禹跪拜叩首,再三推辞。舜说:"别再推辞,只有你是合适的继承人,河图洛书,卿云之歌,上天明示,当禅于禹,请纳天人合一之意,以授天命。"

舜三十三年春正月，禹在舜的宗庙受命，与舜交接首领的权力。自此九十五岁高龄的舜的首领权力即告终结，由八十一岁的禹行首领的权力。

第四节　度晚年颐养牧宫

舜禅让禹后，居于深宫，不再过问政事。但禹对一些重大事总是禀告舜，舜道："吾年老厌政，既已禅让于你，所有的政事均不必向吾禀告，由你裁决即可。"

舜为了让禹独立决断政事，让服侍他的随从们驾好马车，带着生活用品离开蒲坂。舜先来到了诸冯，在父母的坟前祭祀后，望着旧坟新草，久久不想离去。他思绪万千，父母啊，你们将儿抚养长大，恩重如山，多么不容易啊！我孝敬父母却有限，尤其在平阳从政摄政的三十年里，未能在父母膝前尽孝，他一边自责、内疚，一边老泪横流，又跪倒在坟前再三向父母的在天之灵告罪求谅。

舜在父母坟前祭奠后，又来到妫汭的故居，他看着自己年轻时居住过的房屋，耕种过的田地，过去的一切历历在目。娥皇、女英刚嫁给自己时，何等的恩爱，生活何等的甜蜜，可是现在她们都随商均住到了虞地。商均也已六十岁了，为了国家，不得不将你放到虞地，不让你居于蒲坂。不知你现在是否还记恨父亲？能否体谅你父亲的良苦用心？

舜离开妫汭，向东行去。禹闻讯后，派出专人追随而来。走累了，晚上歇在驿馆，舜到了诸冯山，祭奠了亲娘握登，观

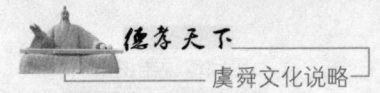

看了负夏,登上了舜王坪,到了历山脚下过去种过田的田野里,伫立沉思。昔日的七友又都在何方呢?他们在患难中对舜的关怀帮助,舜铭刻心头。

舜返回蒲坂途中,游览了盐湖,他不想再回到都城,想找个安静的地方住下来。舜离开盐湖,往北行去,来到鸣条岗西端。舜令停车,驻足四望,喜道:"这正是我要住的地方,这里北枕孤山,涑水河波涛绕于后;南对条山,盐湖之银花献于前。右边是黄河如同玉带,右前方是妫汭厘降之处;左边是香山瑶台山高高耸峙,再远处就是历山耕稼之地。在此处吾一生履痕尽收眼底,岂不快哉。"禹派来的随从之臣,立即将舜的言行禀告给禹。禹派工匠,在鸣条岗为舜建造牧宫,又称离宫,取离位安度晚年之意。东南一带又称安邑,意为舜安居之邑。禹也将国都迁到了安邑。

第五节　游郊野舜卒鸣条

舜晚年居于鸣条牧宫,无事时,经常坐着马车游览,最远到达南边的历山。舜五十年九月十三日,舜让侍从驾起马车,一路往南行去,路上看见人们在田间劳动,禾苗茁壮喜人,舜非常高兴,与侍从们说着笑着。后来,舜睡着了,侍从们不敢惊动舜,只是马车放慢了速度,马车行到南面历山的一座支峰,当时称作苍梧山脚下,侍从将车停在树下,等待舜醒来,等了很久,舜却没有一点动静,侍从呼舜,舜无应答,手抚鼻息,发觉气已绝,才知舜在沉睡中已卒崩。

侍从将舜的遗体运回鸣条牧宫，立即向禹禀报。禹率众臣来到鸣条吊祭，并派人通知商均以及无淫等九个庶子，通知舜妃登比氏所生的宵明、烛光二女前来奔丧。四方都长前来吊唁，络绎不绝。

舜三十岁被尧发现，尧考察舜三载，舜三十二岁代尧摄政，摄政二十八年，为尧守孝25个月，六十二岁践位，舜五十年，舜崩，享年一百一十二岁。

百姓们听说舜殂崩，如丧考妣，哀声震野，自发地罢市停乐，乃至四方蛮夷戎狄皆闻悲声而不复作乐。

商均匆匆赶回鸣条，他看到父亲的遗容，安详而又平静，双眼闭合，父亲没有留下任何遗憾，安心地去了。他看到父亲的灵柩，谷木之棺，知道这是遵照父亲在世时留下薄葬的遗愿。他看到禹分派大臣将这里的一切安排得井井有序，看到禹率众臣的威武和风仪。他终于明白了父亲生前所做一切的良苦用心。自己只知歌舞，又有何德何能君临天下？父亲将自己放到都城之外，完全是为了国家的稳定安宁，为了自己的身家性命才有此举啊！他感到父亲是那样地伟大，永远有远见卓识。商均想至此，扑跪在父亲灵前，失声大哭起来，"父亲啊！你怎么不等孩儿回来，就这样去了啊！"

商均大恸，几乎喘不上气来，感染得众弟妹，在场的禹和所有臣僚随从等都号啕大哭起来，一时哀声震天。

大家都来劝阻商均，"节哀顺变。"待商均平静下来，禹对商均说："现有一事还需商议，按理说陵应建在牧宫后面，只因牧宫内没有建陵之地，牧宫后面是一道沟壑，不便修陵，

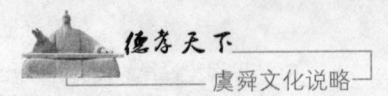

且修陵后，祭祀时要绕过牧宫，诸多不便。吾与众臣商议，欲将首领葬于牧宫的前面，妥否，请裁定。"

商均围绕牧宫四周察看，的确皇城后墙面临沟壑，无法造陵，便同意葬舜于牧宫前，这就是鸣条舜陵为何在皇城前的原因。

第六节　汉帝拜谒舜帝陵

汉成帝永始四年（前13年）三月，皇帝要到河东祭祀后土。皇帝和群臣都穿着整齐的法服，乘坐着祭祀神灵的车辆，华丽的彩车，一辆接一辆，排着长长的行列。御林军万骑卫护，宛如长龙阵。一面面红色的旌旗，如奔星不见首尾。旄旗遮天耀日，大纛高高飘扬，舒卷云端。奋电鞭，骖雷驾，鸣洪钟，建五旗。穆穆肃肃，浩浩荡荡，横渡黄河，奔赴汾阴。

后土祠位于汾阴黄河岸畔，自黄帝扫地祭后土，帝王常到汾阴祭后土，汉武帝三年一祭，六幸汾阴。汉成帝秉承祖志，亲临汾阴，君臣预先沐浴斋戒，虔诚谨敬，以五岁牛为牲，祭后土神祇。

祭祀结束，君臣行游介山，寻观介子推隐居之所。回到安邑，观看禹王城胜迹。君臣又到黄河之滨，顾瞻龙门之险峻。到解州，游览盐池之风光。到蒲坂，登历山之历观，凭看舜耕历山的遗迹。陟西岳以遥望八方，追寻殷、周的遗迹，遥想唐尧、虞舜的风采。

随后，汉成帝与群臣拜谒了舜帝陵，观看了妫汭二水，游历观,看舜井。当时,随汉成帝的有一位大文豪名叫扬雄,此人善辞赋,文采华丽,写赋常常模仿司马相如,特别推崇相如之赋。爱慕屈原文彩,而怜悯屈原投水,于是写书取《离骚》之文而加以反对,名为《反离骚》,从岷山投于江流以凭吊屈原。他随汉成帝游甘泉宫,写《甘泉赋》,极赞甘泉宫瑰玮壮丽,而讽谏之。扬雄此次随汉成帝出来,深深为舜耕历山,教民以礼让,以致历山之人皆让畔,以及舜帝的博大胸怀所感动,为舜帝劝民向善,以德治国,勤政俭朴的遗风所折服。扬雄认为临川羡鱼不如归而结网,回去以后,写了《河东赋》,上奏皇帝,进行规劝。《河东赋》赞颂舜帝道:

登历观而遥望兮,聊浮游以经营;
乐往昔之遗风兮,嘉虞氏之所耕。

扬雄写《河东赋》,先描写了祭后土,游介山,登历观等的盛况,接着写了观瞻尧、舜、禹的遗迹,而歌颂尧、舜、禹的业绩和精神,号召大家学习。文章最后写道:"轶五帝之遐迹兮,蹑三皇之高纵。既发轫于平盈兮,谁谓路远而不能从?"游览五帝的遐迹,追蹑三皇高远的踪影,谁说离他们岁月太远而不能追随呢?!

第七节 舜卒鸣条有析辩

晋太康二年(281年)一个漆黑的夜晚,汲郡西南一座古冢下，一个身穿黑衣的人，如同幽灵，在冢侧挖土打洞。他快捷地凿洞取土，小心地尽量将声音降到很小的程度。作业的熟练程度，可以看出，这是一个有多年盗墓经验的惯盗，他的名字叫不准，听说这是战国时魏王的陵墓，他高兴异常，经过周密计划和准备，便在这漆黑的夜里开始盗挖古墓。

不准费了好大的劲，终于挖到了墓道，待了一会儿，墓道里渐渐有了空气。不准点亮火把，吊下墓道，火把没有熄灭，不准放心地钻进墓道。

不准在墓道里寻找金银珠宝，却发现墓里堆着成捆成捆的竹简书。他翻来找去，专拣金、银器和铜器，火把快熄了，便抽出竹简点燃照亮。他把竹简翻得乱七八糟，挑了一些金、银、铜器，吊上来，打包，背负了逃之夭夭。

不准背着沉重的器皿，却走不快，走出不到十里，天已渐亮，却碰上了邻居，问他一大早干啥，知他善盗墓，打趣地说："昨晚一定发了大财！"不准急忙拿出一件银器，送给邻居说："莫说，是弄了点东西，现拿去出手。"邻居是个诚实之人，怕日后案发连累了自己，便携着银器去官府告发。

汲郡的地方官不敢怠慢，一边派公差捉拿不准，一边派人去魏襄王墓清理剩余物品。从墓中清理出竹简书数十车，还得到铜剑一枚，长二尺五寸。地方官立即将这些墓葬品押运朝中。

晋武帝司马炎喜道："此乃天赐朕先秦文书之宝也。"将书交给秘书校缀并排列先后。著作郎束晳得到竹书后，认真校勘，将竹简书上的蝌蚪文译作今文，随疑分释，皆有义证。竹书除了一个叫师春的人抄录的《国语》三篇和《左传》上记载的有关卜筮的文字外,还有一部编年体的史书,纪年十三篇,自黄帝迄夏、商、西周和春秋时晋国及战国时魏国的史事。记事下限到魏襄王二十年(前299年)。因原书写于竹简,故名《竹书纪年》。

《竹书纪年》成于战国时代,内容广泛,史料价值很高。历代学者多据以考稽同异,以校正《史记》所载战国史事年代的错误,校正古籍记载之讹,成为研究中国古代史的重要史书。近代学者将其与西汉发现的古文经和近代殷墟发现的甲骨文,并称为中国文化史上的三大发现。

《竹书纪年》对尧、舜记载翔实,载帝舜四十九年,舜居于鸣条,五十年舜崩。舜四十九年居于鸣条。又写道:"鸣条有苍梧之山。"足见舜崩于鸣条之苍梧,正合孟子"卒于鸣条"之言。

第八节 关公敬拜舜帝陵

在鸣条舜帝陵冢的东边,有一座关公祠。传说关公青少年时,经常到舜帝陵拜谒舜,由于受舜忠孝仁善的道德思想熏陶,关公成了忠义仁勇的典范,被后世称之为关帝。乡民们为纪念关公拜舜,就在舜帝陵庙建起了这座关公祠。

关羽五岁的时候,父亲就带着他到舜帝陵祭拜舜帝。父亲让关羽骑着毛驴,父亲边走边说:"今天咱们去祭拜一位大圣人,他是古代的帝王,名叫虞舜,他对父母孝敬,对弟妹友

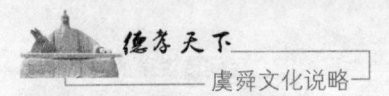

爱，对大家亲善。两千多年啦，年年大家都要祭拜舜帝。"关羽问："爸！祭拜是做啥？"父亲说："就是大家都想念舜帝，在舜帝陵墓前行礼呢，思其功德，学其品行。"

关羽和父亲早晨动身，到舜帝陵时，已经来了很多赶庙会的人。父亲寄放好毛驴，带着关羽观看舜帝祭祀活动，喧天的锣鼓之后，一位穿着官服的人高声念着祭文，点香、演乐。在关羽幼小的心灵里留下深刻的印象。

后来，关羽还随着父亲去了几次鸣条舜帝陵。自十三岁以后，关羽已长成身高伟岸的男子汉，每年庙会去舜帝陵祭拜，或者与同年伙伴结伴前往，或者独自前去。每当关羽站在舜帝陵前，一种肃然起敬的心情油然而生。舜作为上古的一位帝王，有着海一样宽阔的胸怀，忠孝仁义礼智信集于一身，舜说："吾尽吾敬以事吾上，故见谓忠焉。吾尽吾敬以接吾敌，故见谓信焉。吾尽吾敬以使吾下，故见谓爱焉。是以见爱亲于天下之民，而见忠信于天下之君。"关羽从舜身上看到了忠，忠于尧；看到了义，以义对待众臣和四方都长；看到了仁，以仁来治理天下之民；看到了信，哪怕是敌人也以信相待。这就是大圣所具有的超凡脱俗的品质。关羽以舜为榜样，决心肩负道义，拯救万民。

关羽习文练武，受舜思想感染，形成了忠义仁勇的超凡的思想和品德。过了几年，关羽已长成一个文武兼备，具有侠骨义胆的青年。

恶霸吕熊，欺男霸女，横行乡里。激于义愤，关羽决心为民除害。想到除害后，势必要亡命江湖，关羽最后来到鸣条舜帝陵，上香祝祷说："帝灵在上，只因吕熊横行乡里，恶贯满盈，羽今夜欲为民除害，愿帝灵保佑，从此羽当亡命江湖，再也不能为帝上香祭拜。"

当夜，关羽潜入吕熊家中，杀死吕熊及家人，放出被吕熊掳在家中的众多良家女子。过潼关而逃亡河北，与刘备、张飞桃园三结义，以忠义仁勇而名闻天下。

第九节　古柏神灵救光武

鸣条岗舜帝陵神道两旁，各长着一株五十围粗的大柏树，两树冠相交，宛若大门。这两棵古柏传说是大禹为舜建陵时所栽，历经四千多年兵火地震等灾难，两棵大柏树毫发未损，附近乡民传为神柏。东边的大柏树，传说曾救过东汉光武帝刘秀的命。

西汉末年，王莽篡国，先毒死汉平帝，又废孺子婴，自立新朝。而王莽末年，天下连年蝗灾，盗贼蜂起。小部农民起义军无数，大的农民起义军有王匡、王凤的绿林军，樊崇的赤眉军。

东汉光武帝刘秀，南阳郡蔡阳县人，汉高祖第九代孙，出自汉景帝所生长沙定王刘发的支系。刘秀九岁时成为孤儿，由叔父刘良收养。他身高七尺三寸，须眉浓秀、大嘴、高鼻梁、额骨隆起，生性喜欢种植庄稼，而哥哥刘伯升好行侠养士，常讥笑刘秀经营农业。王莽天凤年间，刘秀前往长安，拜师学习《尚书》，略通大义。

王莽见天下大乱，人民纷纷揭竿而起，害怕刘氏复兴，大肆杀害刘氏宗室。在长安学习的刘秀，被人告密，官兵前往他住的地方搜捕，恰巧刘秀外出未归，官兵扑了空。刘秀闻讯后，不敢回寓所取行李，急忙逃出长安，怕追兵追往南阳，就逃过潼关，渡过黄河，一路向北逃逸，隐藏在安邑、猗氏一带。王莽派将军苏显率兵沿途追赶刘秀，一直追到安邑县。官兵到处张贴刘秀画像，按图索人。刘秀昼伏夜出，辗转躲在附近各个村庄。

一天，刘秀来到北相镇，投宿镇外一户农家，白天在房里睡觉，直睡到黄昏，睡梦中恍惚有一位须眉皆白的老人推他，说："快离开这儿，到西南方的舜帝陵躲一躲。"刘秀问："敢问老丈是谁？前来搭救刘秀。"老人说："日后你会知道我是谁，躲过此难后，你可返回南阳老家，待机举事。"

刘秀蓦然醒来，急忙离去，星月光下，刘秀跌跌撞撞走在田间小道，竟走错了道，又从南边返而向西，来到舜帝陵庙时，陵庙大门已关，刘秀进不了陵庙，只好沿神道往南走，两旁的柏树高大粗壮。他到了一棵大柏树下，这柏树树冠高大，枝叶繁茂，倾斜的树干，约有五十围粗。刘秀先坐在树根上休息，有点困，怕在树下睡着后被官兵发现，就爬上柏树，骑坐在茂密的枝叶间睡着了。

苏显得知刘秀躲在北相镇，带兵到镇上搜查，刘秀当时刚刚离开北相镇。官兵搜查后，沿路追来，官兵们又敲开陵庙门搜查，刘秀躲在柏树上，未被发现。苏显带着追兵往西南方向追去。

刘秀是真龙天子，先祖是火德王。他藏身之处的柏树枝干都干枯了，形成"活柏抱死柏"的奇妙现象。他休息时坐过的树根处凹下去，形成龙椅形状。

第十节　孝文效舜养三老

北魏孝文帝拓跋宏是位贤明的君主，他为了巩固北魏在中原的统治，实行改革。班禄制使文武官员有了俸禄，巩固了政权。均田制使百姓人人有田种，稳定了社会。为了统治已经占领的北方，他不顾百官反对，将都城从大同迁到洛阳。他深知，鲜卑族入主中原，必须汉化。于是让鲜卑人穿汉服，说洛阳话。让鲜卑人改汉姓，他也把他的姓改为姓元。

孝文帝很推崇舜。他说："舜施以德政，行养老之风，朕也要选三老五更，以行孝养之道。"时值司徒尉元到皇宫告老。孝文帝命升殿设宴，赐玄冠素服，下诏道："前司徒尉元，前大鸿胪卿游明根，皆明允诚素，位显台宿，归老私第。可谓知始知卒，希世之贤也。公以八十之年，宜处三老之重；卿以七十之龄，可充五更之选。"

孝文帝又派人邀请许多老者。于是，养三老五更于明堂，养国老、庶老于阶下。孝文帝仿舜帝故事，再拜三老，亲自挽袖操刀，切割牲肉，端着酒爵，一一斟酒。对于五更行肃拜之礼。赐国老和庶老们衣服不等。

尉元对帝说："自天地分判，五行施则，人之所崇，莫重于孝顺。然五孝六顺，天下之所先，愿陛下重之，以化四方。"

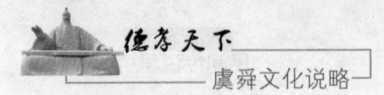

帝曰："孝顺之道，天地之经。今承三老明言，铭之于怀。"游明根说："夫至孝通灵，至顺感幽，故诗云：'孝悌之至，通于神明，光于四海。'如此则孝顺之道，无所不格，愿陛下念之，以济黎民百姓。"帝说："五更助三老以言至范，敷展德音。当克己复礼，以行来授。"礼毕，赐车一乘，并诏赐三老给上公禄，五更食元卿俸。

孝文帝对众臣说："古帝陵过去无祭祀之礼，从今而后，定时祭祀古代帝陵。"于是，下诏道："祭尧于平阳，祭舜于河东，祭禹于安邑，祭汤于汾阴。"

太和二十一年（497年）三月，孝文帝自云中返回，乙未日南巡，丙辰日到平阳，派使者以太牢礼祭唐尧。夏四月庚申日，孝文帝到龙门，以太牢礼祭大禹。辛亥日，孝文帝到蒲坂，以太牢礼祭虞舜。戊辰日下诏修虞舜、夏禹庙。作为帝王，魏孝文帝首开祭祀尧、舜二帝和禹、汤二王先例，由此而成常例，隋唐宋元明清历朝历代均祭舜于河东，使舜帝陵常年享祀不绝。

第十一节　张生吟诗梦琴缘

张生与莺莺的爱情故事，被剧作家王实甫编为《西厢记》而流传千古。其实，张生在没遇见莺莺之前，在梦中见过舜帝弹琴，张生得遇佳人，后来又高中状元，全是舜帝爷的保佑。

张生没有见到莺莺之前，已在蒲坂住了一些时日，当时蒲坂称蒲州，是州府所在地，又是军事重镇，京都长安的东北门户,不仅驻有重兵,而且街市繁华,人文荟萃,出了柳宗元、王勃、司空图等大文豪。许多文人墨客,俊男仕女,皆向往蒲州的风貌。

张生心慕蒲州胜景,遂来游玩,登鹳雀楼,领略王之涣的白日依山尽,更上一层楼,而穷千里目的美景和感悟。在蒲州城内,娇娃美人丛中漫步嬉游,灯红酒绿里吟诗作赋,歌楼舞馆中魂魄俱醉。到田间踏青,曲径通幽,野花翠草,田园风光,美不胜收。

一天,张生漫步蒲关,游游逛逛,口中吟哦,不觉步入舜庙。观圣帝神像,瞻帝庙雄阔,来回踱步,吟出《历山舜庙》诗一首:

古都遗庙在河滨,万代千秋仰圣君。
蒲坂城南妫汭水,鸣条帝陵接暮云。
昔日耕稼迹犹在,当今虞篇德已闻。
迟暮风拂庭下柏,犹聆琴曲韵南薰。

诗成后,边摇头晃脑,边吟读哦诵。一时坠入凝景,手抄背后,来回踱着方步,口中朗朗有词。俨然不知身在何处,更不知日将暮天已晚,以致庙中已无行人,仅只张生一人。庙吏上前请张生出庙回家,张生道:"舜庙远离乡里,今天色已晚,吾出庙无所投足,但求寓所,只歇一宿。"吏指檐庑下说:"舍此无所诣矣。"张生向庙吏借来苇席,睡在檐庑下。刚刚进入梦乡,只见来了两位身着绛衣的使者,说:"帝要召见你。"

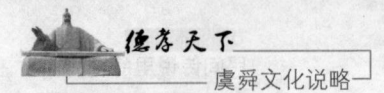

张生随着使者前去，舜帝对张生说："朕已听见汝之诗作，汝当遇佳人，且前程远大。"张生叩谢。舜帝问："汝学过琴吗？"张生答："喜欢却弹得不好。"

舜帝让左右取过琴来，边弹边歌道：

> 南风薰薰兮，草芊芊，
> 妙有之音兮，归清弦。
> 荡荡之教兮，由自然，
> 熙熙之化兮，吾道全。
> 薰薰兮，思何传。

但听得音韵清畅，爽朗心骨，张生感而动情说："妙啊！"竟从梦中醒来。

第十二节　真宗钦封广孝泉

自北魏孝文帝下诏祭舜河东后，隋朝和唐朝的皇帝也都下诏书，在河东祭舜，并以皋陶配祭。宋太祖乾德元年（963年）也下诏在蒲州祭舜，享以仲春月。

宋真宗承先代之制，在大中祥符四年（1011年），帝在朝会时说："近来蒲州再三上奏章，以民情望幸神邱，以祭后土与舜帝，且先帝有制，朕欲于明年春正月幸河东，众爱卿意下如何？"孙奭出班奏道："臣以为汾阴事并不经见，且汉唐都关中，去河东甚近，故间往祀之。今冒重关，越险阻，弃京师根本而慕西汉虚名。不可，臣以为不可，请圣上明鉴。"帝微笑道："卿忠心可嘉，然后土与舜帝不能不祭。"孙奭又写奏章切谏，痛陈其不可者八。真宗并不采纳，命各大臣及早准备，准时出发。

五年春正月，宋真宗率领群臣及御林军，旗帜飘扬，队营整肃，离开京城汴梁，众军臣护卫法驾，浩浩荡荡，往北进发，一路不食腥荤血食，过黄河，越蒲关，来到汾阴，如东巡狩之礼，以隆重的仪式，祭祀后土，帝作礼成诗河渎西海赞。翌日，又上祀后土颂。帝复御制二圣配享碑，刻石于庙，石高丈余，阔三丈余，以重屋覆藏。因有荣光出河，改唐宝鼎县为荣河县。

祀事既毕，帝周览川原，深入民间，问民疾苦，圣贤遗迹，亲临顾瞻。帝亲到舜出生的姚墟拜瞻。春二月，真宗到舜帝陵，祭祀舜帝。之后，帝到蒲坂谒舜庙，又命守臣修饰庙垣，庙外有井，人呼舜泉，二井相通，是瞽瞍欲杀舜，填井而舜穿井而出之处。真宗亲临二井，特延嘉瞩。下诏道："朕以省巡蒲坂，历览舜泉，钦孝德以升闻，考遗迹而尚在。宜加美称，用表敦风。乃赐'广孝泉'为名。周其垣墉，新其堂奥，广其里弄，谨其扃鐍。"将舜井改为广孝泉，置广孝坊，命王钦若写《广孝泉记》来记载此事。

王钦若在《广孝泉记》中写道："蒲坂姚墟，绵亘相属。"赞真宗钦赐"广孝泉"是"帝舜之大孝"所感。

真宗对众臣说："舜帝爱贤若渴，开四门纳四方贤者，乃有禹、皋陶及'八元'、'八恺'等贤臣辅佐而天下大治。众

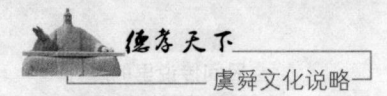

爱卿可为朕举荐河东草泽中之贤者。"

河中府地方官举荐李渎、刘巽最贤，二人都是普通百姓。真宗宣召二人，李渎推辞不来，帝授刘巽任大理评事。六年李渎卒，帝下诏旌嘉，赐帛百匹，以体现帝爱贤之心。

第十三节　话舜德薛瑄妙对

明代理学大师薛瑄，设馆授徒，创河东学派。一天，师徒谈论舜德。

学生问："舜帝如何施治？"

薛瑄道："舜命弃播百谷，命契敷五教，以皋陶明刑。食、教、刑三者相因，可见有虞为治之序。养民生，复民性，禁民非，治天下之'三要'。"

学生问："舜帝如何行德？"

薛瑄道："德者，天所赋、人所受之正理，帝王推此理以化天下。天下之德，仁义礼智信。尽事亲之道而得其仁，尽事君之道而得其义，尽夫妇之道而得其知，尽事兄之道而得其礼，尽朋友之交而得其信。舜命契敷布五常之教，尽含仁义礼知信于其中。"

学生问："舜帝何以立法？"

薛瑄道："善是性，仁义礼智亦是性。性即理，天地万物，浑是一团理气。天为大，故天理最大。天命、王道、性、道、德，都是天理。唐尧、虞舜及三代之治，都是圣人一心推行的，只要人存天理，去人欲，无非是顺天理因人心而立法。"

学生问:"舜帝何与天地合德?"

薛瑄道:"天之道为知,地之道为仁。圣人'与天地相似',知、仁而已。'知周乎万物'为知,'道济乎天下'为仁。'乐天知命,故不忧'为知,'安土敦仁,故能爱'为仁。天地之道,不外乎仁、智,圣人之道,也不外乎仁、智。舜帝知天而兼及万物,仁爱而以仁善治天下,德化万邦,信行天下,所以与天地合德。"

学生问:"舜帝何以聚德?"

薛瑄道:"舜帝敬上以见忠,敬敌以见信,敬下以见爱。舜帝说他取之以敬,得之以敬,要想明道而谕教,惟以敬。因此,舜帝修德正身来自敬,舜帝聚德来自敬。所以,敬为聚德之本。忠信,所以进德,忠信乃舜帝本性。"

学生问:"舜帝之德如何?"

薛瑄道:"圣人之德莫大于孝,故《书》称舜'克谐以孝'。《书》又称舜'玄德',玄为大,故舜之德乃大德。"

薛瑄又道:"几善恶,始于毫厘之间。几之善即:'德:爱为仁,宜为义,理为礼,通为智,守为信。'几之善是天理,几之恶是人欲。为尧、舜皆原于几之善,为桀、纣皆原于几之恶。尧、舜二帝,禹、汤、文三王治天下纯是天地之公,无一毫人欲之私。故德如尧、舜,学如孔子,众弟子当努力而为。"

学生们齐答:"谨遵师命。"

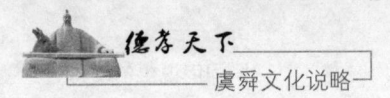

第十四节　神柏显灵惩恶人

鸣条舜帝陵神道东侧,有一棵巨柏,细看是一棵龙形的活柏紧抱着一棵死柏,活柏倾斜欲倒却奋力拥抱,躯干腾空舒展,因抱死柏而根部被拔出地面高高翘起,默默地表述着舍身忘我的伟大精神。

自古流传这柏树叫"活柏抱死柏",又叫"子母柏"。

自大禹开始,人们为纪念舜帝,就不断在舜帝陵神道两旁栽种柏树,小柏树渐渐长成参天巨树,成了有用之材。一些贪婪的人便打起盗锯大柏树的鬼主意。附近的张贺村,有个张进财的财主,盘剥成性。一天,张进财到舜帝陵,见神道旁许多棵大柏树,财迷心窍,想锯一棵大柏树,为自己做棺材。他带人将大柏树锯倒,砍断枝丫。突然,那大柏树锯断处,流出许多殷红的鲜血,接着,狂风大作,乌云滚滚,瓢泼大雨,倾盆而下,继之雷电交加,一道道闪电划破天空,雷声震耳欲聋,大雨下了一夜,雷声也响了一夜,仿佛天怒人怨,上天要毁灭世界。

张进财刚将大柏树枝丫砍光,准备拉回家,雷雨就来了,他顾不上拉树,急忙跑回家,那雷电在他屋顶响个不停,他又惊又吓,整夜未曾合眼。天亮后,雨歇天晴,管家来报告说:"老爷,不好啦!昨儿锯倒的大柏树,被另一棵活柏抱住了。"张进财说:"胡说八道,哪有这回事。"管家说:"大伙都跑去看呢!"张进财和管家急忙跑去观看,只见昨天锯倒的大柏树，竟竖立靠着另一棵大柏树的躯干，那活柏张开枝干，紧紧抱着死柏，仿佛怕人将死柏抢走。围观的人们议论纷纷，"这是神柏，不能动的！""那柏树成仙啦，不见昨天流血么！""是舜帝爷让活柏把这死柏抱住的！"……

张进财突然瞪圆眼睛，脚蹦手舞，说起胡话，"哇！我是谁！你们知道我是谁?！我是当年舜帝的后娘，人们唤我叫姚婆，我虽然是后娘，舜帝待我如亲娘。我错待过舜，但舜总说后娘也是娘。我已知错改过，舜虽不是我亲生，但不是亲生也是儿，母子情总不能相忘。我化作千年古柏护陵，今被无端砍倒。舜为教化天下人，念母亲之情，化作千年古柏，将我紧紧拥抱，以示世人，永善待亲，才显现子母柏的景象。张进财你今日恶贯满盈，天神惩罚你即刻便死！"果然，张进财仰面倒地，七窍流血而死。从此，被锯的古柏枯萎，倒在活柏怀中，形成了如今活柏抱死柏的景象，子母柏的故事，也在民间广泛流传开来。

第十五节　成人之美夫妻柏

鸣条舜帝陵神道，两侧长有两棵五十余围的古柏，树冠高大，枝叶繁茂。其中有两柏树，树冠空中相交，枝叶相依相偎，如同交颈相拥的夫妻,其中流传着一曲古代感人的爱情故事。

从前，西曲马村有个李员外，他女儿名叫秀英，聪明美丽，心地善良。本村有个英俊小伙子，名叫秋娃，勤劳忠厚，吹得一口好笛子，如莺歌燕鸣。秀英与秋娃相互爱慕，经常约

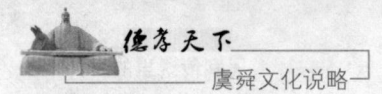

会,互诉衷肠。秋娃家境贫寒,幼年丧父,母亲常年卧病,幸得秀英姑娘私下接济,方免饥寒之虑,更兼秋娃勤劳苦干,家境渐有起色。

一天,两人在桃园相会,艳丽的桃花,映衬得秀英格外妩媚动人,两人心意陶醉,海誓山盟。正当两情缱绻之时,那李员外雅性勃发,携着小娘到桃园观花,恰恰与秀英和秋娃撞个正着。李员外勃然大怒,大声呵责,秋娃急忙趋避,秀英却哭着顶撞父亲。李员外格外恼怒,斥责秀英母亲教女无方,急忙托媒人将秀英许给邻村富豪刘家公子,择吉日很快要嫁秀英过门,并将秀英关锁闺房。秀英心急如焚,肝肠寸断。秋娃闻听秀英即将嫁给刘公子,心如刀绞,夜夜在西曲马村外吹笛,那笛声悲悲切切,凄凄惋惋,哀哀怨怨,如泣如诉。秀英听到笛声,知道心上人在村外呼唤,啼哭着寻机外逃,终于在丫鬟的帮助下,逃出家门,循笛声见到了心上人,两人哀哭着倾诉衷肠,商议外逃,却丢不下秋娃卧病的母亲。忽见村里出来许多人,远远听见李员外说:"大伙快分头去找,别让小贱人与那野汉逃走了。"

两人急忙逃到舜帝陵神道,秀英说:"让我嫁给刘公子,还不如死了。"秋娃心一横说:"你若死了,我也不活了。"秀英说:"我们一块死吧!"两人相对痛哭,说:"只有来世做夫妻了。"各自解下腰带,分别吊死在神道两边的古柏上。

传说舜为传颂两位男女坚贞的爱情,一夜间使两棵大柏树的树冠就相交合在一起,让秀英和秋娃两位恋人的爱情像相交的树冠一样,世世代代永不分离。后来,秀英和秋娃的精灵变成了两只小鸟,在古柏上交颈鸣叫,"唧唧唧唧",不停地鸣叫,那叫声分明是:"秀英,秀英","秋娃,秋娃","世世代代","永不分离"。

从此以后,当地人们便将这两棵柏树称作"夫妻柏"。

舜禅位于禹,已经九十五岁高龄,常常有臣属看望,禹也经常禀报国政,舜年老厌政,定要搬出蒲坂,找个清静的地方,安度晚年。禹为舜在鸣条建造牧宫以安之。

牧宫建成后,越冬季,选择吉日,于来年二月初二日,举行舜帝移居牧宫大庆典。这天骄阳高照,晴空万里,彩旗夹道,鼓乐喧天。夔在牧宫前面辟出专场,表演韶乐,舜、禹与群臣共同观乐,附近所居人民也纷纷前来听乐。美妙动听的韶乐演到四成,只见附近林中涌出群兽,随乐率舞,天空飞来凤凰和群鸟,凌空飞舞,凤凰栖落大树枝头,扑动双翅,跳跃盘舞,极有仪容。益忽有所悟,指着东边的高岗说:"臣一直想为这座岗起个吉祥的名字,恰巧今日演乐,引得凤凰高亢而鸣,且面对南面条山,鸣声传往条山,这座岗就叫作鸣条岗吧,凤凰高栖,极有仪容,再叫个名字作仪凤岗。请裁定。"舜笑道:"此情极乐,此境极美,此意极好,就这样定了吧。"

从此,牧宫东边的高岗便称作鸣条岗和仪凤岗这样两个名字。而每年的二月初二日,则成为当地人民纪念舜帝迎接舜帝的盛大庙会,这风俗一直流传了四千多年,每年二月二的舜帝陵庙会至今不衰。

虞舜文化抉幽

實變函數

第十一章　虞舜文化与中华文明

　　文化是人类社会实践活动所产生的，广义的文化，指人类社会历史实践过程中所创造的物质财富和精神财富的总和。狭义的文化，指社会的意识形态，以及与之相适应的制度和组织机构。文化是人类最先产生的思维，人类一旦形成族群和部落，就产生了最早的文化。在原始社会，首先产生文化，如曙猿文化、西侯度文化、河姆渡文化等等。每一社会都有与其相适应的文化，并随着社会的发展而发展。

　　文明是人类社会进步的一种状态，文明出现在文化之后，是文化发展到一定阶段的产物，是较高层次的文化成果。文化是文明的外在形式，文明是文化的内在价值。

　　文化是单一的，如儒家文化、墨家文化、道家文化等。文明是综合的，反映了制度、地域、国家的综合水平。

　　中华文明是整个中华民族全部文化和文明的总和，虞舜文化是中华文明产生之前的人类文化成果，是中华文明总根系的直根。

第一节　中华文明起源的诸文化因素

　　中华文明是多元的，她涵盖包含了中国境内 56 个民族在

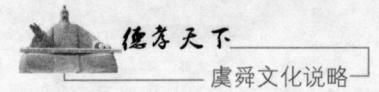

起源发展过程中所产生的全部文化成果,各种文化现象、各个民族的文化不断碰撞、不断交流融合,源源不断汇入中华文明的大河。

中华文明起源阶段,各种文化现象产生于华夏大地的四面八方,最初,各种文化现象独立发展,后来经过不断碰撞,不断交流融合,便迸溅出中华文明的火花。王克林在《华夏文明起河东》导论中指出:

> 所以,从这个意义出发,在中华文明的起源问题上,她的内涵便不能局限于汉族之先的华夏文明为中国或中华文明的起点。应该持多元的观点,尽可能地把中国境内各个民族文化的成果纳入其中。那么,古代中华民族的群体有哪些呢?有史可考、有物可寻者,当推徐旭生先生的《中国古史的传说时代》一书中所厘定的"华夏集团"、"东夷集团"、"苗楚集团"族系为依据和参考。就现存的史料和史家的考订和这三个集团的民族所处地理位置和方位看,并结合考古资料,可以说大体上概括了史前中华民族的文化谱系,也大体上凸显了她的状况:其地理位置和文化面貌即东夷集团的文明,是可资黄河流域下游的公元前4100年前后的山东大汶口文化所代表;苗楚集团的中华古族的文明,是可推长江中下游的公元前3300年左右的屈家岭文化为代表;而华夏集团的文明,我们认为就应是黄河流域中游,以陕、晋、豫为中心的公元前4000年前后的仰韶文化为代表,特别是仰韶文化的庙底沟类型。

因此，时下我国学术界在探讨中华文明起源的族群，应以这三个集团为主要对象。如果今之学者，有志于中华文明起源探讨，可将三集团的考古学文化与历史文献整合起来作一番缜密考核，则会展示出中华文明起源的长卷。

据上所述，在中华文明起源阶段，华夏大地主要有东夷集团、苗楚集团和华夏集团这三个大的族团。他们都独自形成了各自不同的文化体系。

考古学家苏秉琦将全国几千处旧石器晚期到新石器时代文化分成六大区系：（1）以燕山南北、长城地带为重心的北方；（2）以山东为中心的东方；（3）以关中（陕西）、晋南、豫西为中心的中原；（4）以环太湖为中心的东南部；（5）以环洞庭湖与四川盆地为中心的西南部；（6）以鄱阳湖—珠江三角洲一线为中轴的南方。六大区系构成了中国古代文化的总体系，最初它们各自独立发展，后来通过交汇、撞击、相互影响、相互作用，最终殊途同归，趋于融合。

有的学者提出了中国文明发祥地"四大区域"之说：一是黄河流域文化区——总括仰韶文化、龙山文化、大汶口文化等；二是长江流域文化区——文明起源的线索见于长江中游的江汉地区和长江下游的太湖流域，其中以屈家岭、良渚文化为代表；三是珠江流域文化区——出现一批旧石器时代和新石器时代文化遗址；四是北方文化区——先后出土一些比较发达的原始文化遗址。

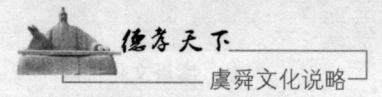

第二节　中华文明起源的年代

关于中国古代文明的起源，唐兰认为大汶口文化已经是有文字可考的文明时代，因此六千多年前的大汶口时中国就迈进了文明的门槛。姚政在《中国古代文明起源新探》一文认为，中国古代文明开始于考古学上的龙山文化后期，即相当于传说时代的黄帝时期。

关于中华文明的起源，王克林在《华夏文明起河东》一书中写道：

> 探讨中国文明的起源，在考古文化因素上，基于文明是个文化概念或文化氛围。因此考古学家们都热衷于将考古学文化中表述其文明的标志的文字的发明、氏族群体的防卫城堡的出现，和提高人们生活质量金属工具的起源以及世俗礼仪建筑的兴起，这四大项作为文明起源的物化标志。但是这些物化标志，由于人类所处的自然生态和地理环境的不同和生产生活上的差异，在各地的出现则往往常有不平衡的现象。所以不少研究者认为，就世界范围看，在中国、西亚两河流域、埃及等早期文明是有铜器的，然而中美洲墨西哥的特奥蒂瓦坎文明和玛雅文明则没有铜器；文字也是一样，南美洲秘鲁的印加文明，虽然建立了国家却没有文字的使用。此外文明标志的"城"，在古埃及文明中却是没有城市的文明。

那么，中国是什么时候进入文明社会？

首先是城市。历史上最早出现的应该是城邦，因为最初的市与城邦是两个不同的概念。关于尧、舜、禹时期的城邦，刘合心在《陶寺探古》中说："进入新世纪后，经过全面钻探和局部解剖，已探明陶寺城址经历了早期小城到中期大城的发展。早期小城不过50万平方米，而中期大城则达到了280万平方米。从城中遗留的宫殿区、祭祀区、仓储区以及墓葬区，可以看出当初的恢宏景象。它在说明这座气势宏大的都邑似乎该是'尧都平阳'的旧址，也就是说尧都当在陶寺。"而夏朝的都城禹王城位于今山西省夏县境内，《夏县志》第三章·名胜古迹·禹王城记载：

> 相传为夏朝的都城，实为夏启建都之处。1960年，中国科学院考古研究所又考明，后为东周时代魏国都城遗址。都城分大、中、小三城。大城周长16公里。中城位于大城内西部，周长6.5公里。小城位于大城中央，周长3公里，又名紫金城，为大城的宫城。小城东南有一青台，又名禹庙圪塔，夏静《与洛下人书》曰："安邑涂山氏台"，俗之为青台。上有禹祠。据传此台系禹妻涂山氏思夫筑此台，素有"青台晨雾，禹都朝雨"和"晓登遥望，野色弥茫"之颂。

陶寺城址是我国迄今发现的最早的都城，也是最早的城邦遗址之一。禹王城城址是夏朝的都城，城址规模远远超过陶寺

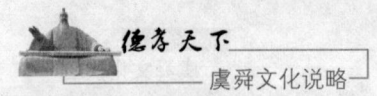

城址,是夏商时期最大的城邦,有"华夏第一城"之美誉。

二是文字。《说文解字·序》:"黄帝之臣仓颉,见鸟兽蹄迒之迹,知分理之可相别异也,初造书契。……仓颉之初作书,盖依类象形,故谓之文;其后形声相益,即谓之字。"虽然古人流传黄帝的大臣仓颉造字,但考古尚没有发现原始社会的文字,只是发现个别带有符号的陶器出土。陶寺考古就发现两个朱书字符,虽有学者认为这是人类早期文字,但只是偶然的字符发现。而真正考古发现的文字系统则是商代的甲骨文。

三是青铜器。东汉王充《论衡·道虚篇》:"黄帝采首山铜,铸鼎荆山下。"柳诒徵《中国文化史》引《世本》说:"蚩尤作兵。蚩尤以金作兵器。蚩尤作五兵,戈、矛、戟、酋矛、夷矛。"黄帝和蚩尤时期是否已经出现青铜器,年代久远已不可考,古人所言也未必真实。而就目前全国考古发掘的情况来看,原始社会的新石器时代古遗址中绝大多数发掘出土的是:石器、玉器、陶器和木器等,很少有青铜器出现。陶寺城址仅发现一个铜铃,这一发现是极为少有的现象。与之相反,夏商时期的古墓葬则发现不少青铜器物。禹王城附近的夏代东下冯遗址就发现了铜刀、铜箭镞。而商代古墓葬更是发现大量的青铜器。

四是礼器。据陶寺遗址考古发掘,出土了龙盘、土鼓、特磬、彩绘陶簋、玉琮、玉璧、玉佩、玉兽面、玉钺、玉戚等礼器、祭器。证明原始社会由于图腾崇拜,就出现了大量的礼器。

通过以上文明的四个标志的分析,尚处于原始社会的尧舜禹时期，应该是文明的萌芽阶段。虽然出现了最早的城邦，出现了礼器。但没有文字和青铜器的出现，缺少这样两大要素，应该算不上文明社会。当然，文明的四大要素并不是等齐了一起登场，它们产生的时间有前有后。因此，可以说尧、舜、禹时期已经出现了文明的部分要素，我们现在说尧、舜、禹时期所在的古河东地域是华夏文明的发源地，当是恰如其分的。

诚然，部分文明要素的出现，尚不能界定社会已经进入文明社会。我们还应该结合当时的社会组织形态来区分，因为尧、舜、禹时期人类社会尚处于母系氏族社会的末期，而进入夏朝以后，不仅出现了青铜器，也出现了大量财富的积累，虽然文字确切地说是商朝的甲骨文，但不能否定商部族在夏朝时就使用甲骨文的历史事实。因此，可以说夏朝时期，中国就进入了文明社会。

第三节　虞舜文化是中华文明的直根

苏秉琦认为，"中国"政治实体的形成源自于原始社会的尧、舜、禹。他在《华人·龙的传人·中国人——考古寻根论》中做了以下详尽的表述：

距今四五千年间，以晋南襄汾为中心的"陶寺"遗址为代表的一种古文化，人们使用大石磬与鳄鱼皮鼓随葬，反映社会发展到比红山文化更高的阶段。他们使用的具有

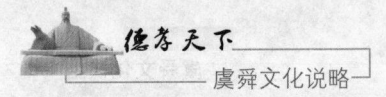

明显特征的器物群,包括源于仰韶文化小口尖底瓶的斝,到真正鬲出现前的完整序列,源于红山文化的朱绘龙纹陶盘、源于长江下游太湖地区良渚文化的一种"∠"形石推刀,反映他们的文化面貌已具备从燕山以北到长江以南广大地域的综合体性质。

史书记载,夏代以前有尧、舜、禹,他们的活动中心在晋南一带。"中国"一词的出现也正在此时,所以称舜即位要"之(到)中国"。后人解释:"帝王所都为中,故曰中国"。

由此可见,"中国"一词最初指的是"晋南"一块地方,即"帝王所都"。而中原仰韶文化的"花"和北方红山文化的龙,甚至包括江南的古文化均相聚于此,这倒很像车辐聚于车毂,而不像光、热等向四周放射。这样,我们讲晋南一带的"中国"一词就把"华、龙"等都包揽到一处了。……小小的晋南一块地方曾保留远自七千年前到距今二千年前的文化传统。可见这个"直根"在中华民族总根系中的重要地位。

苏秉琦在《中国文明起源新探·三部曲与三模式》一书继续写道:

或者说,华山一个根、泰山一个根、北方一个根,三个根在晋南结合。这很像车辐聚于车毂,而不像光、热等向四周放射。考古发现正日渐清晰地揭示出古史传说中

"五帝"活动的背景。五帝时代以五千年为界可以分为前后两大阶段，以黄帝为代表的前半段主要活动中心在燕山南北，红山文化的时空框架，可以与之对应。五帝时代后半段的代表是尧、舜、禹，是洪水与治水。史书记载，夏以前的尧、舜、禹，活动中心在晋南一带，"中国"一词的出现也正在此时，尧、舜、禹时代万邦林立，各邦的"诉讼"、"朝贺"，由四面八方"之中国"，出现了最初的"中国"概念，这还只是承认万邦中有一个不十分确定的中心，这时的"中国"概念也可以说是"共识的中国"，而夏、商、周三代，由于方国的成熟与发展，出现了松散的联邦式的"中国"，周天子的"普天之下，莫非王土，率土之滨，莫非王臣"的理想的"天下"。理想变为现实的是距今二千年前的秦始皇统一大业和秦汉帝国的形成。从共识的"中国"（传说中的五帝时代，各大文化区系间的交流和彼此认同），到理想的中国（夏商周三代政治文化上的重组），到现实的中国——秦汉帝国，也相应经历了"三部曲"的发展。

"中国"概念形成过程，还是中华民族多支祖先不断组合与重组的过程。……他们在距今五千至四千年间在晋南同来自四方（主要是东方、东南方）的其他文化因素再次组合，产生了陶寺文化，遂以《禹贡》九州之首的冀州为重心奠定了"华夏"族群的根基。

苏秉琦将中国原始社会的古文化分为六大区系，是根据考古发掘的发现而界定的。同时他揭示了尧、舜、禹时代是共识的"中国",即没有统一,但各个氏族部落公认的"中国",说明尧舜禹是一个十分强大的氏族部落联盟,是最早的"中国",是中华民族总根系中的直根。

虞舜文化产生于原始社会的末期,尚处于人类的野蛮时代,各个氏族部落间互相争斗,殉葬的现象十分普遍。没有礼仪秩序,没有道德准则,当然也没有文明可言。在这样的社会环境中,尧、舜、禹三位有作为的部落首领,实现陶唐氏、有虞氏与夏后氏部落的大联合,组成华夏部落联盟。处于承前启后的舜,开前人所没有的先例,推行一系列的善政举措,使华夏部落联盟成为礼仪之邦。《尚书·舜典》说:

> 慎徽五典,五典克从。纳于百揆,百揆时叙。宾于四门,四门穆穆。……象以典刑,流宥五刑,鞭作官刑,扑作教刑,金作赎刑。眚灾肆赦,怙终贼刑。

《尚书》解释"五典"说:"五典,五常之教,父义、母慈、兄友、弟恭、子孝。舜慎美笃行斯道,举八元使布之于四方,五教能从,无违命。"舜在华夏部落联盟境内推行五常之教,制定五刑,使落后的原始社会有了礼仪秩序,舜推行道德,笃行孝道等。这些都是中华文明的重要道德内涵和准则,虞舜文化中的德孝内涵,在春秋时期经孔子和孟子的倡导而得到进一步的传承和光大。而华夏部落联盟在舜的带领下,成为中华文明的发源地。因此,司马迁在《史记》中赞美说:"天下明德皆自虞帝始。"

2005年10月25日的《光明日报》刊登的《专家河东论虞舜》一文中指出：

> 关于虞舜文化，专家们认为：尧、舜、禹虽都处于部落联盟向王朝的过渡时期，但其中舜的贡献最大。舜作为"五帝"中最后一位，是文明成立并繁荣发展的重要时期，舜帝"明德"思想集中体现为和谐尽孝，而孔子思想核心的"仁"即以"孝悌"为根本，说明了春秋儒家把虞舜思想继承并发扬光大，并从此成为中国传统文化的重要组成部分，所以舜帝是道德文明的鼻祖，虞舜文化是中华传统文化的重要母源。

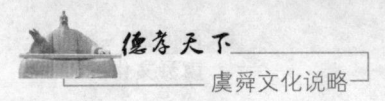

第十二章　虞舜文化内涵

舜以贤德孝行而著称，与黄帝、颛顼、帝喾、帝尧并称"五帝"。《尚书·舜典》载："德自舜明"。《史记·五帝本纪》云："天下明德皆自虞帝始。"舜倡导为人、持家、做官、治国均以道德为大本，开创了中华道德文化之先河，被后人尊为"道德始祖"、"百孝之首"、"文明之元"，深受海内外华夏子孙的崇拜和敬仰。当前，虞舜已经成为一种文化现象，由舜帝而滋生的虞舜文化，是中华民族优秀传统道德文化的肇始和根源，深入挖掘和研究虞舜文化，对于探寻中华文明之源，传承道德文明，弘扬民族精神，促进社会主义物质文明、政治文明和精神文明建设，构建和谐社会以及繁荣我国学术研究都具有重要的历史意义和现实意义。

第一节　民本思想的萌芽

虞舜文化内涵的一个重要方面，是具有浓厚的民本思想。

一、仁者爱人的思想

舜出身农家，对农耕有深刻的思想内涵，因为年少时生活在一个没有爱的家庭里，自幼受到后娘的虐待，受到父亲的殴打，更有甚者，父亲、后娘和弟象皆欲杀舜。但"舜事父及后母与弟，日以笃谨，匪有懈。"舜不失为子为兄之道，"克谐以孝，烝烝乂，不格奸。"舜能和之以至孝之行，和顽嚚昏傲，使皆进进于善道，以善自治，不至于奸恶。然而，舜更渴望的是创建一个仁义为善兼爱礼义的社会。

《尚书·舜典》曰：

> "咨，十有二牧！"曰："食哉惟时！柔远能迩，惇德允元，而难任人，蛮夷率服。"

舜对十二州的州牧告诫说，为政首先要解决百姓的吃饭问题，让百姓有饭吃，千万不可失农时。政务当先要安抚百姓，安抚远方之民，也就能安抚近处之民，安民要广行德信，推行善政，尤其要远佞人，切不可使他们干预朝政，如此诚信会昭于四方，蛮夷自会宾服。

民为邦国根本，民以食为天，固本就要安民，安民就要解决百姓的吃饭问题。安抚百姓，必须以仁爱之心善待百姓，要行德信，推行善政，远离佞人，这样百姓就会归附。

《孔子家语·好生》云：

> 孔子曰："舜之为君也，其政好生而恶杀，其任授贤而替不肖。德若天地而虚静，化若四时而变物也。是以四海承风，畅于异类，凤翔麟至，鸟兽驯德。"

孔子赞美舜为政，好生而恶杀，说明舜有仁者爱人的思

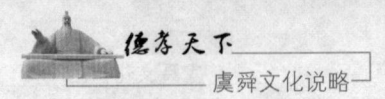

想,崇尚道德,以仁义治天下,以善政化万民。舜以德服人,感化民心。所以,畅于异类,凤凰飞临,麒麟来到,鸟兽驯德。

二、舍己从人的思想

《孟子·公孙丑上》曰:

> 大舜有大焉,善与人同,舍己从人,乐取于人以为善,自耕稼陶渔,以至为帝,无非取于人者,取诸人以为善,是以人为善者也,故君子莫大乎与人为善。

舜年轻时期就具有以他人利益为重,处处事事关心他人,爱护他人,助人为乐的思想。舜耕历山时,遇到别人为争田头地垄,就将自己的好地让给别人,自己再去边远处开垦荒地。舜渔雷泽时,渔民常常争抢好渔场,舜就将自己的渔场让给别人,自己到鱼少的地方去捕鱼。这些都是舜舍己从人,将他人利益看得高于自己的利益,宁可牺牲自己的利益,也不让别人受损失。舜知道河滨的陶器苦窳,就到河滨,学习制陶技术,制作出的陶器坚固耐用,扭转了河滨陶器苦窳的歪风。表现了舜以大众利益为重的高尚思想。

三、隐恶扬善的思想

《礼记·中庸》云:

> 子曰:"舜其大知也与!舜好问而好察迩言,隐恶而扬善,执其两端,用其中于民,其斯以为舜乎!"

舜有优良的道德品质，对人对事，处处维护大家的颜面，隐恶扬善，推行善政，与人为善，以良善之心对待大家，对待百姓们。舜隐恶扬善，是对待广大百姓，并不是允许邪恶横行。驩兜、共工、鲧和三苗这四个大恶人，在尧朝中干尽坏事，舜采取果断措施，将他们流放四夷。说明舜对人民施行善道，体现圣君的仁者爱人的思想。

四、惠泽万民的思想

《礼记·表记》曰：

> 子言之曰："后世虽有作者，虞帝弗可及也已矣。君天下，生无私，死不厚其子；子民如父母，有憯怛之爱，有忠利之教；亲而尊，安而敬，威而爱，富而有礼，惠而能散；其君子尊仁畏义，耻费轻实，忠而不犯，义而顺，文而静，宽而有辨。《甫刑》曰：'德威惟威，德明惟明。'非虞帝其孰能如此乎？"

孔子赞美舜说，后世虽然也有有作为的，但比起舜都比不上。舜君临天下，活着时大公无私，死的时候不厚待其儿子。舜对于百姓们好比自己的父母，有忧伤悲痛之爱，有忠和之教导。亲如自己的父母，威庄而安，孝慈而敬，使民有父之尊，有母之亲。如此仁义对待百姓们，除了舜谁还能做得到。

《逸周书·太子晋解》云：

> 师旷告善，又称曰："古之君子，其行可则。由舜而

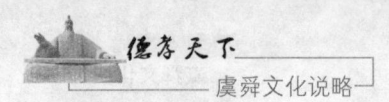

下,其孰有广德?"王子应之曰:"如舜者天。舜居其所,以利天下,奉翼远人,皆得已仁,此之谓天。"

师旷称善,又称曰:"古代的君子,他们的行为可以作为准则而被效法。自虞舜以下,都有谁具有广博的道德呢?"太子晋回答说:"像虞舜那样的是'天',最伟大。舜居于自己的位置,而造福全天下,养育并保护远方的人,使他们都能得到自己的关爱,这就叫作'天'。"太子晋解说明,舜有广博的道德,关爱天下所有的人,所以最伟大。

五、仁爱施予禽兽的思想

舜不但爱护人类,而且将仁爱施予禽兽。一件事是舜在历山耕田时候,看见田地里有个鸟窝,为了不伤害雏鸟,就留下有鸟窝的一片田地不耕。别人说:"你把鸟窝挪走,那片地不就可以耕种了吗?"舜说:"雏鸟容易受到惊吓,惊吓后容易夭折,宁可留下那片地不耕种,少收些粮食,也不能惊吓死雏鸟。"

还有一件事是舜耕田时,爱护耕牛的故事。舜牵着黄牛和黑牛到地里犁地,他将簸箕绑在牛的臀部,牛偷懒不走时,舜就用鞭子抽打簸箕。黄牛以为黑牛挨了打,怕打到自己,就飞快向前拉犁。同样黑牛以为黄牛挨了打,也不敢偷懒。当尧看见这场面时,叹息赞美:"舜连牲畜也如此爱惜,其善行可想而知啊!"

六、表现民本思想的《南风歌》

河东盐湖的食盐生产,自古就是靠太阳蒸烤,天然结晶成盐。天然结晶的过程中,最喜南风阵阵吹来,以助水汽蒸发,食盐快速结晶。

一天,舜来到盐湖,看见南风徐徐吹来,盐业丰产,盐工们忙碌收获丰收的食盐。心怀激荡,抚琴而歌《南风歌》:"南风之薰兮,可以解吾民之愠兮;南风之时兮,可以阜吾民之财兮。"

《礼记·乐记》:"昔者舜作五弦之琴以歌《南风》,夔始制乐以赏诸侯。"这是有关舜歌《南风歌》的较早的记载,真实地记录了舜关心百姓们盐业生产的动人场面,体现了舜关爱民生的思想。《史记·乐书》也说:"故舜弹五弦之琴,歌《南风》之诗而天下治;纣为朝歌北鄙之音,身死国亡。舜之道何弘也?纣之道何隘也?夫《南风》之诗者,生长之音也。舜乐好之,乐与天地同意,得万国之欢心,故天下治也。夫朝歌者,不时也;北者,败也;鄙者,陋也。纣乐好之,与万国殊心,诸侯不附,百姓不亲,天下畔之,故身死国亡。"司马迁赞美舜的《南风歌》是生长之音,舜爱好喜欢这诗歌,是与天地共同的心愿,得万国百姓们的欢心,是民本思想的体现,所以有广博的道德。如今,《南风歌》不仅是古代圣君的一首诗歌,而且演化成为一种行为规范,凝练成为一种关爱民生、体现民本思想、宣传德化、展示五千年文明史的一个载体。

第二节 德孝传统的母源

一、德政千秋

虞舜是我国原始社会有虞氏部落的首领,1980年出版的

《辞海》在"虞"条说:"传说中远古部落名,即有虞氏。居于蒲坂(今山西永济西蒲州镇)。舜乃其领袖。"给舜明确的定位,是有虞氏部落的首领。因为原始社会还没有形成正式的国家,舜不是国君,只能是部落的首领,后来担任华夏部落联盟的首领。

舜耕历山(今运城市中条山),历山之人皆让畔,舜渔雷泽(今永济市境内),雷泽上人皆让居,舜陶河滨(今永济市境内),河滨器皆不苦窳。

居于平阳(今山西省临汾市)的陶唐氏部落的首领尧听到舜的名声,他年纪老了,苦于多年选不下合适的接班人。听到他的臣下四岳的举荐,就决定将陶唐氏部落的首领传给舜,并决定将自己的两个女儿娥皇和女英嫁给舜。

舜坚辞不从,尧的使臣坚决请求。最终舜娶了尧的两个女儿,到尧的陶唐氏部落担任大司徒的官职,管理行政和教育,并总百揆。全面负责尧的陶唐氏部落的治理。舜施行自己的政治纲领,推行"五常之教",又名"五典",即"父义、母慈、兄友、弟恭、子孝",目的是通过相互尊敬爱护,构建和谐的人与人之间的关系。推行后,华夏部落联盟成为礼仪之邦。受到四方蛮夷戎狄部落的称赞,司马迁在《史记·五帝本纪》中也赞美说:"天下明德皆自虞帝始。"

舜举荐许多贤良之人到尧的部落任职,举荐大禹治水。大禹不负众望,治理洪水13年,治平水患。后来,尧、舜、禹成功实现了陶唐氏、有虞氏和夏后氏部落的大联盟,成立华夏部落联盟,形成最早的"中国",为夏王朝的创建和华夏民族奠定了牢固的基础。

尧、舜、禹成立部落联盟,为中国创建所建立的功绩是不可估量的。而舜处于承前启后的位置,他的功劳和贡献更大。因此,后人将舜当作三皇五帝中的五帝之一,以此来纪念他的丰功伟绩。而舜在部落联盟推行善政,制定五常之教,制定五刑,使原始社会有了礼仪秩序,有了道德准则。舜的德政流传千载。后人誉舜"德政千秋"。

二、孝行天下

《薛瑄全集·读书续录》:"圣人之德莫大于孝,故《书》首称舜'克谐以孝'。"舜幼年丧母,父亲娶后妻,后娘生子名象,父亲、后娘爱象,而后娘经常虐待舜。《书》称"舜父顽,母嚚,象傲。"《孔子家语·好生》说:"舜之事瞽瞍,欲使之未尝不在其侧,索而杀之未尝可得,小棰则待过,大杖则逃走,故瞽瞍不犯不父之罪,而舜不失烝烝之孝。"舜父有眼不识好恶,受后娘挑唆,经常殴打舜。父亲用小棒打,舜默默地忍受,用大杖打,就逃去。这样既孝敬了父母,也使父亲不犯不父的罪恶。舜自幼就对父亲和后娘非常孝顺,对弟妹也非常友爱。

《史记·五帝本纪》赞舜曰:"舜年二十以孝闻。"说明舜在二十岁的时候,就以孝敬父母而闻名天下。

《孟子·告子章句下》曰:"尧舜之道,孝弟而已矣。"孟子解释尧舜之道的核心,是"孝弟"两个字。

《孟子·万章章句上》曰:

> 帝使其子九男二女，百官牛羊仓廪备，以事舜于畎亩之中。天下之士多就之者，帝将胥天下而迁之焉。为不顺于父母，如穷人无所归。天下之士悦之，人之所欲也，而不足以解忧。好色，人之所欲；妻帝之二女，而不足以解忧。富，人之所欲；富有天下，而不足以解忧。贵，人之所欲；贵为天子，而不足以解忧。人悦之，好色，富，贵，无足以解忧者，惟顺于父母可以解忧。人少，则慕父母；知好色，则慕少艾；有妻子，则慕妻子；仕则慕君，不得于君则热中。大孝，终身慕父母。五十而慕者，予于大舜见之矣。

孟子举例说明，舜面对将有天下而人悦之，面对好色，面对富贵，都不能解忧，只有顺于父母才能解忧，直到五十岁依然爱慕父母，从舜的身上看见了这种美德。也因此孟子称赞舜大孝之人。

舜执政后，就在部落联盟内推行孝道。他从七十岁以上的老人中选出"三老"、"五更"十余人，请他们到太学来，三老南向坐，五更西向坐，其余诸老东向坐，按年岁长幼为序，每人一席，舜亲自给他们端菜斟酒陪饮。舜在部落内推行养老制度。《礼记·王制》曰："有虞氏养国老于上庠，养庶老于下庠。"将部落里的老人安置在太学和小学里养老。

《素履子·履孝》赞美舜曰：

> 经云："夫孝，天之经也，地之义也。"兼曰："夫

孝德之本，教之所由生。治国治家者，立德为先，立德之本，孝之为始。昔舜禹有至德至孝，存身立德，而成皆以孝行，舜让而尊，故云先王有至德要道，以顺天下，民用和睦，上下无怨，孝之始也，孝感天地，应乎神明。天子孝，鱼龙负图；庶人孝，草木茂荣。"

因此，后人赞舜："孝行天下"。舜也被古人誉为"二十四孝"的首孝。

舜倡导仁善，推行仁政，以德治国。终身行孝，养老于庠。后人尊崇舜为"道德始祖"、"百孝之首"、"文明之元"。而虞舜文化中的德孝内涵，也是我国德孝传统的母源。

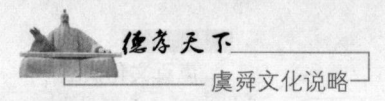

第十三章 虞舜文化的特质

虞舜文化，产生于我国文明社会出现的前夜，是孕育华夏文明的温床，虞舜文化产生的今山西晋南地区，是华夏文明的发源地。虞舜文化与我国传统文化有着紧密的关系，是我国传统文化的延伸和奠基，我国传统文化在虞舜文化的基础上进一步发扬完善。在我国传统文化的长河中，能看到虞舜文化的影子和影响。

第一节 舜对道的解悟

原始社会离我们已经四千多年了，有关虞舜时期的思想文化状况，我们不得而知。但古人有关记载，却有舜关于道的研探。《韩非子·解志》云：

> 道者，万物之所然也，万理之所稽也，理者成物之文也，道者万物之所以成也。……圣人得之以成文章，道与尧舜俱智，道与接舆俱狂。

韩非子说明尧、舜已经开始研探道的学问，因为尧、舜研探有关道的学问，所以，尧、舜具智，同样接舆也研探道的学

问,但因为接舆出发点的不同,所以俱狂。《尸子·下》曰:

> 舜一徙成邑,再徙成都,三徙成国。尧闻其贤,徵之草茅之中。与之语礼,乐而不逆;与之语政,至简而易行;与之语道,广大而不穷……舜曰:从道必吉,反道必凶,如影随形。

尧与舜交谈,与舜谈礼,愉快而不逆反;与舜谈政,言简意赅,而且容易推行;与舜谈道,广大而不穷。说明舜对于道已经有了一定的理论基础。

舜还访问民间得道之人,与他们研究道的学问。《列子·天瑞》记载了一段舜与烝的谈话如下:

> 舜问乎烝曰:"道可得而有乎?"曰:"汝身非汝有也,汝何得有夫道。"舜曰:"吾身非吾有,孰有之哉?"曰:"是天地之委形也,生非汝有,是天地之委和也;性命非汝有,是天地之委顺也;孙子非汝有,是天地之委蜕也。故行不知所往,住不知所持,食不知所以。天地,强阳气也,又胡可得而有邪?!"

烝是一位得道之人,他回答舜说,你身非你有,你那里有道。这本身就是得道者对人生之所悟。身体是天地给予的形体,生是天地给予和谐完美,性命是天地依顺序进行,孙子是天地将你蜕壳罢了。《尸子·仁意》曰:

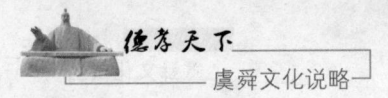

尧问于舜："何事？"舜曰："事天。"问："何任？"曰："任地。"问："何务？"曰："务人。"

尧问舜，最大的事情？最大的经营？最重要的事务？舜以事天、任地、务人来回答，说明舜站在治国的立场上，以天、地、人为主旨，天道、地道、人道，抓住要害，抓住中心。

第二节　舜的大道德观

舜对于德的阐释，是站在一个较高的高度。尧与舜交谈，谈天说地，谈礼论政，谈道论德。尧尤其对舜在德方面的阐释极为佩服。《庄子·齐物论》云：

> 昔者尧问于舜曰："我欲伐宗、脍、胥敖，南面而不释然。其故何也？"舜曰："夫三子者，犹存乎蓬艾之间，若不释然何哉？昔者十日并出，万物皆照，而况德之进乎日者乎！"

尧因为宗、脍、胥敖这三个小国不服从，而心里不释然。舜劝尧说，过去十个太阳并出，万物都得到光芒照耀。仁君的德的进步要像太阳一样。这充分表现了舜的大道德观。《庄子·天道》云：

> 昔者舜问于尧曰："天王之用心何如？"尧曰："吾

不教无告，不废穷民。苦死者，嘉孺子而哀妇人。此吾所以用心已。"舜曰："美则美矣，而未大也。"尧曰："然则何如？"舜曰："天德出而宁，日月照而四时行，若昼夜之有经，云行而雨施矣。"尧曰："然则胶胶扰扰乎？子，天之合也；我，人之合也。夫天地者，古之所大也。"

舜问尧说，君主时刻用心想的是什么？尧说自己时刻想的是，不忘记抚恤鳏寡孤独之人。舜说这虽然很美，却不光大。君主应该像天德一样，将他的光芒雨露施予天下所有的人民。尧赞美舜与天合德，说自己是与人合德，而天地之德自古以来就是最大的。

第三节　敬待上下四方

敬为处众之道，敬可团结大众，可使前途光明，事有可为。古人赞美敬为"百圣传心之要。"《新书·修政》曰：

> 舜帝曰："吾尽吾敬以事吾上，故见谓忠焉；吾尽吾敬以接吾敌，故见谓信焉；吾尽吾敬以使吾下，故见谓爱焉。是以见爱亲于天下之民，而见贵信于天下之君。故吾取之以敬也，吾得之以敬也。故欲明道而谕教，惟以敬也。故欲明道为忠必服之。"

《薛瑄全集·理学精粹》："古语曰：'敬，德之聚也。'此

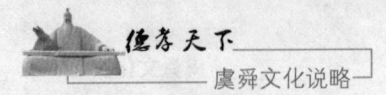

语最宜潜体。盖道妙莫测,靡有攸定,惟敬则能凝聚得此理常在。如心敬,则能凝聚得德在心上;貌敬,则能凝聚得德在貌上;以至耳、目、口、鼻之类,无不皆然。"说明敬为聚德之本,有敬则有德。舜以敬来对待上下左右,充分表现舜的忠诚信义友爱之情,也是舜大道德观的体现。

第四节　五典到三纲五常

封建伦理道德的核心是三纲五常,这是作为维护封建社会等级制度的道德教条。三纲是:君为臣纲,父为子纲,夫为妻纲。五常指仁、义、礼、智、信。《薛瑄全集·读书录》:"天地间至大者,莫过于'三纲五常'之道,帝王之为治,圣贤之为学,皆不外乎是。"封建社会将"三纲五常"作为做人的大节,就是要求人们忠君爱国,其核心还是从舜的五常之教中引申而来,虽然五常之教是家庭的五种品德,但具有上下尊卑的根本内涵,这与三纲五常是一致的。父为子纲和夫为妻纲自不待言,五常之教已经包含,"父义"是说父亲要讲信义,父亲可作为朝中的臣子,讲信义必然是忠臣,君为臣纲也就一致了。

至于封建的五常,《薛瑄全集·读书录》曰:

仁、义、礼、智、信,有则一齐有,但各有所主耳。如仁主于爱,爱莫大于爱亲,然智所当爱者,智也;爱得其宜,义也;爱有节文者,礼也;爱出诚实者,信也。以至事君、从兄之类,无不皆然。

封建五常从舜的五常之教中的"父义"中引申出义，从爱亲中引申出仁，从父母爱子女、兄友爱弟、弟恭敬兄、子孝敬父母中引申出知所当爱的智，从家庭成员具备五种品德、相互间彬彬有礼中引申出礼，从五品具备爱得诚实中引申出信。总之，做到了"父义、母慈、兄友、弟恭、子孝"，也就具备了仁、义、礼、智、信的道德品质。因此，舜的五常之教奠定了中华民族道德伦理的根本基础。

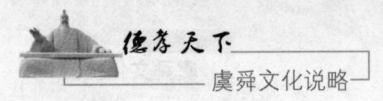

第十四章 虞舜文化的现代价值

虞舜文化是中华民族传统文化道德精神的源头，其影响根深蒂固，源远流长，对于我们以德治国，开展精神文明建设，建设新型的人际关系，构建和谐社会，具有积极的意义。

第一节 以德治国的理念

古人称赞舜说："德自舜明"。说明舜在部落联盟内推行德治，制定"五常之教"，明确人们的道德准则，规范人们的道德行为，使华夏部落联盟成为礼仪之邦。

虞舜文化的核心理念，是"德政千秋"和"孝行天下"。我们今天提出"以德治国"的理念，是与虞舜文化的"德政千秋"一脉相承的。我们首先应该看到，虞舜就是一个道德高尚、齐家、治国、平天下的典范人物。舜以身作则，舍己从人，务实勤政，敬天崇德，至诚至孝，是一个品德高尚的上古部落首领。我们倡导"以德治国"，首先就要以舜为道德楷模，号召大家学习舜的优良品德，廉洁奉公，勤政爱民，从而提高全民族的道德水准。

要以舜"德惟善政，政在养民"的思想理念，来推行善政，重视民生。即德者唯是善于政，政之所为，在于养民。正身之德,利民之用,厚民之生。就是说,要端正自身的道德,提供种种优惠条件,让百姓们经营发财,提高百姓们的生活水平。

贯彻"明德"的思想理念,惟明克允,识见之明,使众信服。为政清明,爱憎分明,赏罚严明。"明试以功,车服以庸。"明试其言,以要其功,功成则赐车服,以示其能用。举用"八元"、"八恺"等贤才,放逐"四凶",从而使天平地成。

舜充分发扬民主,集思广益,使在朝的贤臣都得到重用。充分征求众臣意见,合理安排华夏部落联盟内部各部门负责人选。唯时亮天功,各敬其职,唯是乃能信立天下之功。"三载考绩,三考,黜陟幽明。"三年一考绩,明者升进,幽者黜退。

以德治国,重在德育。明确一系列社会道德准则,各行各业都有自己的道德律条。进行思想的、政治的和道德的教育,德育同教育、智育、美育和体育等紧密结合起来。

研讨虞舜文化,弘扬虞舜文化,就是要从中华民族优秀传统文化之中汲取营养,特别是继承和发扬虞舜的"天下明德"思想,不断地充实和完善"三个文明"建设,重树民族自信心,增强民族自豪感和凝聚力,自强不息,实现中华民族的伟大复兴。

第二节 构建和谐社会的理念

《尚书·尧典》曰:"曰放勋,钦明文,思安安,允恭克让,光被四表,格于上下。克明俊德,以亲九族。九族既睦,

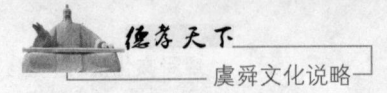

平章百姓。百姓昭明,协和万邦。"

是说尧具有"威仪表备,照临四方,经纬天地,道德纯备"这样四德,以此安天下之当安者。于是,九族敦睦亲和,百姓平和章明。

舜不但继承了尧的和谐社会的稳定的基础,而且以更高的道德观,推行五常之教,施行善政,劝民向善,以仁义治天下。《尸子·分》说:"有虞之君天下也,使天下贡善。"说舜让天下百姓都以善相待,社会自然和谐。《尸子·治天下》进一步赞美舜说:"有虞氏盛德,见人有善,如己有善,见人有过,如己有过。"《尚书·大禹谟》赞美舜德说:"临下以简,御众以宽。宥过无大,刑故无小。罪疑惟轻,功疑惟重。与其杀不辜,宁失不经。好生之德,洽于民心,兹用不犯于有司。"说舜对下简易,御众从宽,处罚人不株连后人,赏赐延及后人。过失虽大,该免则免;犯罪虽小,虽小必刑。罪有疑者,虽重,从轻罪罚;功有疑者,虽轻,从重赏赐。不杀无辜之人,避免枉杀,宁可赦免。舜好生之德施予百姓,因此,"野无遗贤,万邦咸宁",地平天成,社会稳定安宁。

第三节　德孝文化传承

德孝文化是虞舜文化的思想核心,"德政千秋"、"孝行天下"是虞舜文化的传承和光大。推行以德治国的理念,就是要在实际行动上学习落实。多年来,运城市举办"阳光农联网",将全市农村的"三务三资"公开,即党务、村务、财务、资金、资产、资源。百姓们在家里的电脑上就能查到党和政府的各项惠农政策，退耕还林、粮食直补等款额数字情况。使广大百姓们有了知情权和监督权。而且约束了干部，缓和了干群矛盾，树立了形象。收到良好的效果。

盐湖区采取多种形式，开展虞舜德孝文化传承活动，使舜帝德孝文化走出运城，走向全国，四面开花。

首先创办虞舜"德孝文化馆"，该馆位于舜帝陵庙景区内，第一部分展示德孝文化的源头与发展；第二部分展示德孝文化的典籍和楷模，第三部分展示德孝文化的现代与当代典范。2010年九九重阳节期间，由国际儒学联合会、中国先秦史学会、中国老龄事业发展基金会孝文化传播基金、世界舜裔宗亲联谊会、山西省老龄办和运城市委宣传部等单位主办的舜帝德孝文化节，在运城舜帝陵庙隆重举行。来自世界各地的舜裔和代表们在运城齐聚一堂，共同公祭虞舜圣帝。对甘肃舟曲特大山洪泥石流灾害中涌现的孝子吕灵颁特别嘉奖，山西省10大孝星及50位敬老好儿女分别得到表彰。盐湖区314个行政村的敬老模范、和谐家庭典型也通过主题摄影展的方式，展示了他们的事迹和风采。文化节还特别邀请著名学者、河南大学文学院教授王立群作了题为《舜帝德孝形象的历史演变及接受》的专题讲座。中央电视台、《人民日报》、《山西日报》等媒体都从不同角度进行报道。此项活动在网络上也引起轰动，点击率从文化节期间的2000万人次，到12月初已接近1亿人次。

第一届山西运城舜帝德孝文化节后，由盐湖区委王志峰书

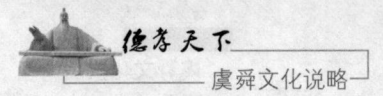

记带队，到北京、上海等地的十几所大学宣讲舜帝德孝文化，在大学生中间引起共鸣。也使运城市的舜帝德孝文化活动四面开花，走向全国。

2011年10月1日至5日，第二届德孝文化节在运城舜帝陵庙隆重举行。增加了大学生德孝传承、重阳大集、老年人才艺大赛、老年人用品展销等活动，以群众喜闻乐见的形式，使传统文化教育深入人心，为文化节注入新元素。

2012年10月23日，第三届舜帝德孝文化节在运城舜帝陵庙举行。除了与以往相同的公祭大典、表彰德孝楷模等活动外，本届活动增加了舜帝德孝文化高端论坛等活动，请先秦史文化研究专家、有关大学的教授以及相关学者专家在京纵论舜帝德孝文化，力图在理论上更进一层。

自2012年6月以来，运城市盐湖区开展舜帝德孝文化大讲堂活动。组织若干个宣讲小组，每组有学者和德孝楷模组成，分片包干，深入社区、农村，宣讲德孝文化，学者讲德孝文化的渊源和深厚的思想内涵，德孝楷模讲自己的孝行，使广大群众受到深刻的德孝文化的教育。这项活动在全区持续开展，城乡轮番进行，从而使德孝文化在运城市盐湖区全面开花。

第四节　挖掘弘扬虞舜文化

彰显虞舜文化的现代价值，必须深入挖掘虞舜文化的深刻内涵，厘清虞舜文化的各方面的思想内涵和精神实质，多方面、多角度进行深入研究和挖掘。为此，2003年4月，运城市盐湖区成立虞舜文化研究会,人员主要是本地二十多名学者专家。并举行第一次虞舜文化学术研讨会,会议将学者专家的论文结集出版《虞舜文化考论》,同时还出版专著《圣帝虞舜》、《尧舜禹故都纪行》。

2004年9月27日至29日,盐湖区召开第二次虞舜文化专家座谈会,除本地的学者专家外,还邀请到60多位来自全国各地的专家学者参与座谈,特别是中国先秦史研究最权威的国家社科院等机构的专家学者参加座谈会,会议出版了《舜帝传说故事》、《鸣条古碑录》、《舜帝陵庙》等著作。

为了深入挖掘虞舜文化内涵,让广大群众和游客了解舜帝及其生活的那段历史,盐湖区博物馆举办了"虞舜文化陈列展览"。展览共分四部分,第一部分是圣帝出河东;第二部分是功德泽万世;第三部分是声誉享环宇;第四部分是帝陵垂千古。通过文献、图表、文物等详细介绍了舜帝生于河东、长于河东、创造辉煌业绩于河东、最后卒葬在河东的生平事迹、活动遗迹、历史功绩。

盐湖区浓厚的虞舜文化研究氛围,引起中国先秦史学会(国家一级学会)的专家们的浓厚兴趣和高度重视。决定在鸣条岗舜帝陵庙建立"中国先秦史学会尧舜禹研究基地"。经过多方筹备,2004年9月27日,中国社科院中国先秦史学会尧舜禹研究基地在盐湖区舜帝陵庙正式挂牌。

2005年9月5日至7日,中国先秦史学会在盐湖区隆重举行"全国虞舜文化学术研讨会暨中国先秦史学会第八届年会"。来自北京、上海、天津、重庆、黑龙江、甘肃等全国26

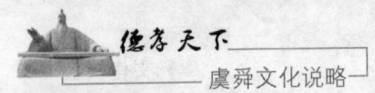

个省、市、自治区共 138 名先秦史学会会员,交来论文 106 篇共 50 万字,其中专门论述舜帝的有 64 篇。《光明日报》、《中国文化报》、《中国文物报》、《中国旅游报》、新华社、《山西日报》、《山西电视报》、山西电视台、《运城日报》、运城电视台等国家、省、市 13 家媒体参加并报道。《光明日报》出专版登载会议盛况。

2005 年 10 月 25 日的《光明日报》第八版,全版刊登以"中国先秦史学会"署名的《专家河东论虞舜》一文。

文章首先以黑体字指出:"晋南是上古时期历史舞台的核心;山西运城是虞舜文化的主要发祥地;舜帝卒葬在山西运城盐湖区鸣条舜帝陵符合当时社会条件。"现摘引《专家河东论虞舜》部分段落如下:

> 关于虞舜或有虞氏部落活动区域(居地),与会专家学者认为,正是由于中华先祖枝繁叶茂,代有迁徙扩张,因而造成全国许多地方都说有舜的遗迹。地方之间互争先祖居地,恰是中华民族强大向心力的具体表现。目前虞舜居地主要有冀州、兖州二说,另有会稽、汉中、零陵等说。经过讨论,关于会稽、汉中、零陵说的已很少有人坚持,有些原来坚持上述学说的专家来到运城之后,看到该地区与舜有关的丰厚文化沉淀,尤其是参观了舜帝陵庙及盐湖区举办的"虞舜文化专题展",立即改变看法,认为黄河流域特别是晋南应该是舜的活动地区,但仍有少部分学者认为舜活动区域在豫东鲁西,或认为有虞氏部落先活

动于豫东鲁西,后迁于晋南(今运城市)。多数专家学者一致认为舜的主要活动区域在晋南境内。

……

为期三天的全国虞舜文化研讨会期间,来自中国社会科学院、北京大学、清华大学等80多所科研机构、大专院校的130多位专家学者集聚一堂,站在新的历史高度,以严谨科学的态度,求真务实的作风,勇于创新的精神,分别从考古学、训诂学、地名学、地理学、民俗学等不同领域,多方位、多角度、多层次地对尧舜时期的社会性质及禅让制度、虞舜的主要活动地域、虞舜文化的思想内涵和开发利用价值等课题进行了广泛深入的研究探讨。与会专家学者或高屋建瓴,字字珠玑;或引经据典,娓娓道来;或旁征博引,纵横古今;或独辟蹊径,发人深思。他们各抒己见,精彩纷呈;畅所欲言,灼见煌煌。浓厚的学术研讨氛围中,透射着强烈的时代气息,令人耳目一新。

……

经过考察,专家们一致认为,运城一带的文物资源,一是多,内容丰富,文化积淀非常丰厚;二是大,即历史研究价值大;三是早,即年代古老;四是广,即分布区域广,形成了一个上古文化广泛的网络。在上古时期,没有比今晋南更重要的地方了。说尧、舜、禹皆活动于今晋南一带,应该是理直气壮的。

专家们认为:古书上说,尧都平阳,比尧在河北和鲁西南的说法更有理。夏人活动中心为晋南和豫北,夏都安

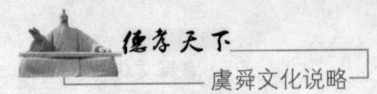

邑是动摇不了的。舜的活动地区有不同说法，但司马迁说舜是冀州人，还有人说"舜居蒲坂"。因此，把舜的活动地区和死后的卒葬地列在今晋南这一范围内，至少在学术上是有依据的。

……

这次会议是中国先秦史学会21世纪以来规模最大、参加人数最多的一次学术会议，呈现出"探华夏文明之源史学大师纵论虞舜，谒德孝圣祖之陵先秦专家欢聚河东"的空前盛况。

参考文献

[1] （汉）刘向：列女传，上海：商务印书馆1936年版。

[2] （汉）司马迁：史记，中华书局1959年版。

[3] （汉）郑玄（注）：十三经注疏·礼记，中华书局1980年版。

[4] （晋）杜预（注）：十三经注疏·春秋左传，中华书局1980年版。

[5] （晋）郭璞（注）：十三经注疏·尔雅，中华书局1980年版。

[6] （汉）赵岐（注）：十三经注疏·孟子，中华书局1980年版。

[7] （汉）孔鲋：百子全书·孔丛子，浙江人民出版社1984年版。

[8] （魏）王肃：百子全书·孔子家语，浙江人民出版社1984年版。

[9] （周）管仲：百子全书·管子，浙江人民出版社1984年版。

[10] （周）墨翟：百子全书·墨子，浙江人民出版社1984年版。

[11] （周）吕不韦：百子全书·吕氏春秋，浙江人民出版社1984年版。

[12] （晋）郭璞（注）：百子全书·山海经，浙江人民出版社1984年版。

[13] （梁）沈约（注）：竹书纪年，上海涵芬楼（据明天一阁本影印）。

[14] （魏）郦道元：水经注，上海涵芬楼影印（据明天一阁本影印）。

[15] （魏）王李泰：括地志，上海涵芬楼影印（据明天一阁本影印）。

[16] （清）乔光烈：蒲州府志，运城地区方志办1985年重印。

[17] （清）孔尚任：平阳府志，山西古籍出版社1998年据康熙本重印。

[18] （清）王夫之：船山全书，岳麓书社1988年版。

[19] 苏秉琦：中国文明起源新探，生活、读书、新知三联书店1966

年版。

[20] 辞海编委会：辞海，上海辞书1979年版。

[21] 柴继光著：运城盐池研究，山西人民出版社1991年年版。

[22] 景定成总纂：安邑县志（1934年），山西人民出版社出版1991年版。

[23] 苏秉琦：华人·龙的传人·中国人，辽宁大学出版社1994年版。

[24] 中国社会科学院考古研究所等编：夏县东下冯，文物出版社1988年版。

[25] 山西省运城市三晋文化研究会：平阳府志（康熙），山西古籍出版社1998年版。

[26] 柏杨：中国人史纲，中国友谊出版公司出版1998年版。

[27] 恩格斯著：家庭、私有制和国家的起源，人民出版社1999年版。

[28] 《十三经注疏》整理委员会整理：尚书正义，北京大学出版社1999年版。

[29] 吕振羽：史前期中国社会研究，河北教育出版社2000年版。

[30] 何光岳：舜裔源流，湖南教育出版社2000年版。

[31] 王雪樵：河东文史拾零，北岳文艺出版社2002年版。

[32] 徐旭生：中国古史的传说时代，广西师范大学出版社2003年版。

[33] 运城市盐湖区虞舜文化研究会编：虞舜文化考论，山西古籍出版社2003年版。

[34] 运城市盐湖区虞舜文化研究会编：舜乡圣迹，山西古籍出版社2004年版。

[35] 叶文宪：重新解读中国——重新解读19世纪前的中国，中国

文史出版社 2005 年版。

[36] 孟世凯、张培莲主编：虞舜文化研究集，山西古籍出版社 2005 年版。
[37] 解希恭主编：襄汾陶寺遗址研究，科学出版社 2007 年年版。
[38] 湖南舜文化研究会等编：虞舜大典（上、下），岳麓书社 2009 年版。
[39] 王克林：华夏文明起河东，三晋出版社 2012 年版。
[40] 孙丽萍：河东盐池与华夏文明起源，《运城日报》2003 年 1 月 31 日。

后　记

　　运城市古称河东，秦始皇统一全国设三十六郡，河东郡排名首位。汉文帝说："河东，吾股肱郡也。"河东历代地域悬殊极大，唐、宋时期所辖地域几乎囊括山西全省。而通常所称则为今运城市和临汾市两市的地域。清代《蒲州府志》曰：

　　河东古大郡，号称"三河"。二汉及晋，皆领以司隶。唐则为都、为府、为节镇。宋金元因之，并为府、为节度使、为军，诚以地要而特为之重其势。明代废前世之旧，改为散州，计非其宜。……汉末曹公谓荀彧："河东被山带河，四邻多变，当今天下之要地。"韩遂、马超反关右，曹公引兵至潼关，召徐晃问计。晃曰："公盛兵于此，而贼不别守蒲坂，知无能为也。"天宝之乱，安禄山据两京，郭子仪谓："河东据两京间，得之，则二京可复。"金末完颜伯嘉上言曰："中原之有河东，犹人之有肩背。河东保障关陕，此必争之地；若使他人据之，则河津以南，太行以西，皆不足恃。"合数者以观其要，亦可知其所系之重，而控制之形，得失之效，俨若眉列与掌指矣。

　　河东东临太行，西界秦雍，北凭霍并，南控豫虢。中条山、吕梁山南北耸立,巍峨雄峙,深豁峻岭,汾河穿境而过,黄河西南环绕,地势险要,表里河山,是晋省南大门,扼秦晋豫三省咽喉,进可攻,退可守,战略地位非常重要,历来为兵家必争之地,自古有"不据河东不雄"的称谓。河东自古人杰地灵,名贤荟萃,地理形胜,是华夏文明的发祥地。

泱泱华夏,五千年文明。肇端炎黄,奠基尧舜禹。尧都平阳,舜都蒲坂,禹都安邑,皆在河东。炎黄尧舜禹,原始社会领袖人物,史前时代,原始公社制度时期。那时国家没有形成,中华大地,上万氏族部落遍布林立。此乃《左传》所言"禹时执玉帛者万国"之现状。那时社会十分落后,生产力十分低下,耕地靠石犁,收割庄稼靠石镰,乃是刀耕火种之年代。原始社会,没有礼仪秩序的时代,那一时期的历史,没有文字记载,所有的史实靠人们口耳相传,一代一代流传下来。后来文人们深入民间,得到民间流传的原始社会的传说,就记载下来,成为文字记载的传说的历史。

尧、舜、禹所处的原始社会距我们已经四千多年,虽然十分遥远。但我们还是可以根据古代的传说和各种典籍来认识那个时期的社会。有关虞舜的传说,在民间历来很多,传说流传也很广。历史给我们留下大量虞舜的史料,虽然很繁杂凌乱,但我们如果对这些资料进行条分缕析,而不是采取形而上学的方法,不是以古人一句话就下结论,而是对古代各种文献典籍详细综合地分析比对,去伪存真,不难找出合理的结论来。如何合理运用史料?徐旭生在《中国古史的传说时代·我们怎样来治传说时代的历史》中指出:

后 记

对于某史实，如果古书中所保存的有关材料具有多条，我们的解释就很可能不能包括全体。比方说，关于某史实的材料有七条，用我们的解释，有五条或六条材料全很合拍，这可以说已经够好了，但是剩下那一条或两条，或者有疑问，或者甚至于对我们的解释有矛盾。在这个时候我们万万不可以急遽地判断同我们解释有矛盾的即为不正确，或为伪造，却应该把这一两条也叙述出来，并指明它们的可疑点或矛盾点，等着将来的工作人继续研究和解决。如果有前人作伪确实可靠的真凭实据，自然可以提出。但是，当我们的新说法还未得历史界大多数的人承认的时候，如果我们又由此新说法而推断出来其他的结果，那却应该指明此新说法还未得历史界大多数的承认，所以新推断完全是假定的、有很多怀疑余地的。如果大家全能这样老老实实地去作，对于学术的推进一定很有帮助。

我们力求按照徐老的要求开展工作，对于古代有关虞舜的诸多史料进行综合整理，分门归类，认真分析，仔细鉴别，去伪存真。我们发现，在河东境内，无论古代文献也好，还是至今依然流传于河东民间的传说，还是河东境内至今依然留下的诸多关于尧、舜、禹的地名和遗迹。大量的事实在证明着一个有力的历史事实，在四千年前的落后的原始社会，尧、舜、禹三个有为的部落首领，尤其是虞舜，在河东境内，他们审时度势，顺应历史，率领各自部落，联合组成华夏部落联盟。继而在联盟内部，革除陋俗，推行善政。他们奋发图强，大展宏图，扭转乾坤，除旧布新，建章立制，推行五常，施行五刑，创立一套崭新的社会秩序，将一个黑暗混乱、无礼无序的社会，改变成为礼让为先的华夏礼仪之邦。

在对于古文献的综合分析的基础上，仔细分析比对，力求找出合理的部分。对于不合理的部分，亦借鉴今人有关新颖的确切的论述，来加以鉴别。经过对古代各种文献典籍的综合分析，对古代历史传说的鉴别，初步确认了虞舜生于河东、长于河东、创造辉煌业绩于河东、最终卒葬于河东的历史事实。